GTB
Gütersloher Taschenbücher
1565

Für Julia, Andreas und Simon,
die genauso einzigartig und besonders sind
wie jedes Kind auf dieser Welt.

Eva Prawitt

geboren 1959, lebt mit ihrer Familie in Kassel.

Eva Prawitt

Ein kleiner Stern entdeckt Weihnachten

Überraschungsgeschichten
aus aller Welt

Gütersloher Verlagshaus

Originalausgabe

Die Deutsche Bibliothek – CIP-Einheitsaufnahme

Prawitt, Eva:
Ein kleiner Stern entdeckt Weihnachten :
Überraschungsgeschichten aus aller Welt / Eva Prawitt. –
Orig.-Ausg. – Gütersloh : Gütersloher Verl.-Haus, 2000
    (Gütersloher Taschenbücher ; 1565)
    ISBN 3-579-01565-6

Der Band folgt der reformierten Rechtschreibung und Zeichensetzung.

ISBN 3-579-01565-6
© Gütersloher Verlagshaus, Gütersloh 2000

Umschlaggestaltung: INIT, Bielefeld,
unter Verwendung einer Illustration von Astrid Leson, Münster
Satz: Weserdruckerei Rolf Oesselmann GmbH, Stolzenau
Druck und Bindung: Clausen & Bosse, Leck
Gedruckt auf chlorfrei gebleichtem Werkdruckpapier
Printed in Germany

Inhalt

Vorwort

Elli ist zerknittert und stumpf und obendrein so traurig, dass sie sich am liebsten verkriechen will. Nicht einmal feiern möchte sie, obwohl doch heute Weihnachten ist. Und das ist schlimm.

Elli ist ein Stern. Eigentlich heißt sie Bellatrix und wohnt im Sternenbild Orion, das jede Nacht am Himmel leuchtet. Aber Bellatrix möchte weder am Himmel noch sonstwo leuchten, denn sie glaubt, wo Milliarden Sterne funkeln, da kommt es auf so ein kleines Licht, wie sie eines ist, sicher nicht an.

Gut, dass Gott ihr da den Weihnachtsstern schickt.

Liebevoll sagt er Elli zu Bellatrix. Wenn einer traurig ist, hilft es nämlich manchmal, lieb mit ihm zu reden. Und es hilft auch, ihm zu zeigen, wie wichtig und wertvoll er ist. Für Gott ist jedenfalls jeder besonders, auch wenn er so zerknittert und traurig ist wie das Sternchen Elli. Gott hat jeden lieb, jedes Himmelswesen und auch die Menschen auf der Erde. Deshalb ist er vor 2000 Jahren in der allerersten Weihnacht zu ihnen gekommen. Elli kann das erst gar nicht glauben. Aber dann nimmt der Weihnachtsstern sie mit auf eine Weltreise, genaugenommen auf Sternenstrahl-Weihnachts-Weltreise. Wie er das macht und was Elli dabei erlebt, wie viel unterschiedliche Kinder und Länder sie kennen lernt und was sie dabei über Weihnachten herausfindet, das lies doch einfach selber nach.

Jeden Tag kannst du mit Elli ein anderes Land besuchen, oder, wenn Elli dich durch die ganze Adventszeit begleiten soll, lies nur jeden zweiten Tag eine Geschichte. Zwischendurch kannst du basteln oder ausprobieren, was ich im Anschluss an die Geschichten vorgeschlagen habe. Diese Vorschläge sind kursiv gedruckt und durch einen »Basteleimer«

am Seitenrand leicht zu erkennen. Vielleicht hast du auch eigene Ideen. Spannend ist es auf jeden Fall, in einem Atlas nachzuschauen, wo Elli und der Weihnachtsstern gerade landen. So wirst du eine Menge über die Welt und Weihnachten erfahren und vielleicht ganz nebenbei, dass du selber genauso besonders bist wie Elli, das Sternchen.

Kassel, im April 2000

Eva Prawit

Wie Bellatrix beihnahe die Weihnachtsnacht verschlafen hätte

»Ehre sei Gott in der Höhe und Frieden auf Erden…«, singen die Engel im Himmel. Das tun sie immer, wenn sie feiern, denn im Himmel gehört Musik zu jedem Fest. Direkt vor dem Himmelslichtersaal mitten auf der größten Himmelswiese hat sich ein riesiger Engelschor versammelt. Alle sind da: die großen und die kleinen Engel, die dicken und die dünnen, die schüchternen und die vorlauten, und auch die, die so klug sind wie der Engel Rafael, der alle Geschichten von Gott auswendig weiß, oder wie Gabriel, der schon bei den Menschen auf der Erde war. Selbst die naseweisen und neugierigen Engel trällern munter inmitten der großen Schar. Genau so einer ist der Engel Uli. Vorwitzig zwitschert er drauflos: »… den Menschen, die ihm wohlgefallen …«, denn er kann es kaum abwarten, bis der Dirigentenengel das Zeichen für den nächsten Einsatz gibt. Doch als der endlich die Hände hebt, da brausen mit einem Mal Millionen Engelsstimmen kreuz und quer durch das All, hohe und tiefe, piepsige und brummige. Jeder Engel musiziert auf seine Weise. Und so klingt es am allerschönsten. Das soll es auch, denn heute feiern die Engel ein besonderes Fest. Heute feiern sie Weihnachten. Und der ganze Himmel feiert mit. Die Wolken tanzen im Takt der Engelsmusik, die vier Winde rauschen und tosen, säuseln und wehen aus ihren vier Himmelsrichtungen herbei. Und die Sterne sind aus ihren Schaukelbettchen gekrabbelt und kullern eins nach dem anderen über die Himmelswiese an den Weihnachtsabendhimmel, jedes an seinen besonderen Platz. Allen voran natürlich der Weihnachtsstern.

Der Weihnachtsstern ist ein Stern mit einem langen Schweif, den er zusammengerollt zwischen zwei Zacken trägt. Doch am Weihnachtsabend rollt er ihn auseinander und zieht ihn wie ein glitzerndes Leuchtband über den Abendhimmel. Den Weihnachtsstern gibt es seit mindestens 2000 Jahren. Für die Menschen auf der Erde ist einer, der 2000 Jahre alt ist, uralt. Doch für die Sterne ist er fast noch ein Baby, denn Sterne werden so viel Milliarden Jahre alt, wie es sich ein Mensch überhaupt nicht vorstellen kann. Für einen Stern sind ein paar Milliarden Jahre überhaupt nichts Besonderes. Wie gut, dass es nicht darauf ankommt, wie alt einer ist. Der Weihnachtsstern ist trotzdem besonders, nicht, weil er 2000 Jahre alt ist oder weil er so schön strahlt oder weil er einen tollen glänzenden Schweif besitzt, sondern weil er der ist, der er ist, nämlich der Weihnachtsstern. Gott selber hat ihm das gesagt. Und der muss es wissen, denn er hat ihn ja schließlich gemacht.

Doch der Weihnachtsstern trägt seine Sternennase kein bisschen höher als die anderen Sterne. Er ist zwar einzigartig, aber das sind alle anderen Wesen auch. Gott hat ja nicht nur ihn erschaffen, sondern den ganzen Himmel, dazu alle Engel, Wolken und Winde, die Sonne und den Mond und die Erde und alles, was darauf lebt, jedes Blümchen und jeden Grashalm, die größten Elefanten und die klitzekleinste Ameise. Sogar die Menschen hat er sich ausgedacht. Und die scheinen ihm das Allerbesonderste zu sein. Wenn es nicht so wäre, dann gäbe es bestimmt nicht Weihnachten. Da ist der Weihnachtsstern sich ganz sicher, erstens weil er der Weihnachtsstern ist und zweitens, weil er in der ersten Weihnachtsnacht selber dabei war. Seither ist er im Himmel der Fachmann für Weihnachtsfragen, genauso wie der Engel Gabriel. Der war nämlich am ersten Weihnachtsfest auch bei den Menschen. Je näher nun das große Fest heranrückte, umso mehr wurden die beiden von den anderen Himmelswesen bedrängt. Jeder wollte etwas über Weihnachten erfahren. Nächtelang befragten die Engel den Engel Gabriel, allen voran der kleine Uli, der so neugierig ist, dass er sich sogar noch mit dem Weihnachtsstern höchstpersönlich im Himmelslichtersaal traf. Dort haben die beiden dicke Freundschaft geschlossen. Aber der Weihnachtsstern darf sich nicht nur um neugierige Engel kümmern. Zuerst muss er nämlich alle Sternen-Fragen beantworten. Und das hat er auch getan. Manchmal sogar am hellen Tag.

Eigentlich kuscheln sich die Sterne tagsüber in ihre Himmelbetten und träumen von Sonnenstaub, Sternschnuppen und Wolkenschlössern. Erst, wenn der Mond sie an ihren Nasen kitzelt, recken und strecken sie sich, werfen ihre Wolkendecken zurück und purzeln leuchtend, blinkend und blitzend aus ihren Schaukelbetten hinein in den blauen Abendhimmel. Dort strahlen sie so hell, dass es auch mitten in der Nacht nie ganz dunkel wird. Das ist gut so, denn wo Licht ist, da braucht sich niemand fürchten, weil er dann sehen kann, was um ihn herum geschieht. An Weihnachten ist das besonders wichtig, denn an Weihnachten passieren im Himmel und auf der Welt die spannendsten Geschichten. Die will natürlich niemand verpassen, nicht einmal die Sterne. Logisch, dass sie nicht schlafen können. Statt dessen zappelten sie aufgeregt auf den Bettkanten herum, so dass ihre Himmel-Schaukelbettchen hin und her wippten. Da hat der Weihnachtsstern geseufzt, seine Sternenaugen zugedrückt, sich mitten zwischen die Himmelbettchen gehockt und den Sternen die ganze Geschichte von Weihnachten erzählt. Einigen Sternchen sind beim Zuhören die Augen zugefallen, wie es manchmal passiert, wenn man einer leisen Erzählstimme lauscht und dabei von Weihnachten träumt. Aber als endlich das große Fest beginnt, da sind alle Sterne sofort sternenmunter. Eilig wuseln sie aus ihren Wolkendecken heraus. Vor lauter Aufregung stolpert ein Stern über den anderen. Sie pieksen sich mit ihren Zacken, natürlich nur aus Versehen, und drängeln und quengeln umeinander, bis der Weihnachtsstern laut mit seinen Zacken klatscht.

»Was macht ihr denn da?«, ruft er, »wisst ihr denn nicht, wozu ihr da seid?«

Sofort werden die Sterne still. Natürlich wissen sie, weshalb Gott sie geschaffen hat. Um zu leuchten natürlich, und in der Weihnachtsnacht doch wohl erst recht. Und wie leuchtet ein Stern? Das muss ihnen nun wirklich niemand sagen. Das wissen die Sterne ganz von alleine. Schleunigst ziehen sie unter ihren Betten ihre Laternchen hervor, reiben die Scheiben blank, bis nicht mehr ein einziges Sternenstäubchen daran haftet, und schrauben noch ein lockeres Glühbirnchen fest.

Vor dem Sternenschlafsaal schwebt schon längst der Engelsgesang. Und klingt da nicht ein winzigkleines, naseweises Engelsstimmchen mitten in die Pausen und Einsätze hinein?

»Das hört sich ganz nach meinem Freund an, dem kleinen Engel ...«, lacht der Weihnachtsstern und wird genauso wie die anderen fast ein bisschen aufgeregt. Doch natürlich nimmt er sich zusammen, denn wenigstens einer muss Ruhe bewahren. Also schreitet er würdevoll, mit hoch erhobenen Sternenzacken und ausgerolltem Weihnachtstern-Schweif aus dem Sternenschlafsaal hinaus ans Himmelszelt. Und alle anderen Sterne purzeln und tanzen, hüpfen und kollern fröhlich hinter ihm her.

Alle, bis auf einen.

Ein Sternenkind hat schon vor Tagen seine Zacken zusammengeklappt und sein Laternchen unter dem Wolkenkissen versteckt. Es schläft tief und fest. Doch als Gott, der alle seine Geschöpfe mit Namen kennt, die Sterne am Himmel zählt, da fällt ihm auf, dass eines fehlt. Natürlich schickt er den Weihnachtsstern sofort zurück in den Sternenschlafsaal. Bei der Gelegenheit kann er auch noch nachschauen, ob alle Himmelbetten ordentlich aufgeschlagen sind, damit der Abendwind die Wolkendecken aufblasen kann. Nein, eines ist fest zugedeckt. Behutsam beugt der Weihnachtsstern sich darüber. »Hallo, kleine Schlafmütze«, flüstert er.

Doch der Stern im Bett rührt und regt sich kein Millimeterchen. Er klimpert nicht einmal mit seinen Sternenaugen. Da lugt der Weihnachtsstern vorsichtig unter die Wolkendecke.

»Bist du nicht Bellatrix?«, fragt er.

Doch als der kleine Stern sich immer noch nicht rührt, da ruft er ganz laut: »Wach auf, sonst verpasst du noch das Fest.«

»Was denn für ein Fest?«, gähnt schließlich das Sternchen.

»Weihnachten natürlich, hast du denn nicht zugehört? Ich habe doch tage- und nächtelang davon erzählt.«

Bellatrix schüttelt traurig den Kopf.

»Ach«, sagt es, »ich habe viel zu tief unter meiner Wolkendecke gesteckt. Da hab ich gar nichts mitbekommen. Aber das ist nun auch egal.«

»Nein, das ist es überhaupt nicht«, sagt der Weihnachtsstern.

Doch Bellatrix antwortet nicht, sondern taucht nur noch tiefer in ihre Wolkendecke. Da zieht der Weihnachtsstern eine Zacke kraus, denn plötzlich macht er sich Sorgen.

Ich werde mal ganz lieb mit dem Sternchen reden, nimmt er sich vor. Lieb mit einem anderen reden hilft nämlich manchmal.

»Elli«, schmeichelt er, was fast so ähnlich klingt wie Bellatrix, nur eben ein bisschen lieber, »was ist denn los mit dir?«

»Ach«, flüstert Elli, »was soll ich denn auf einem Fest?«

»Leuchten natürlich«, ermuntert sie der Weihnachtsstern.

»Wozu? Es blinkern schon so viele Sterne am Himmel, da kommt es auf mich bestimmt nicht an. Ja, du ... du bist der Weihnachtsstern. Und wenn das Fest Weihnachten heißt, dann bist du natürlich wichtig. Aber ich ... »

»Dich hat Gott gemacht«, fällt ihr der Weihnachtsstern ins Wort, »und deshalb bist du besonders. Und was besonders ist, das ist auch wichtig. So ist es im Himmel und auch auf der Erde.«

»Ach, ich weiß nicht.« Elli ist noch nicht überzeugt.

»Schau doch mal«, murmelt sie und schiebt schüchtern eine ihrer Zacken unter der Wolkendecke hervor. »Wie kann ich schon besonders sein, wenn meine Zacke so verknittert und vorne gar nicht spitz ist?«

»Das macht nichts«, tröstet sie der Weihnachtsstern, »denn manche Sterne haben eben spitze Zacken und manche stumpfe, manche leuchten rot und manche blau, manche weiß und manche gelb. Manche haben ein Kleid aus Himmelsnebel, manche tragen einen glühenden Ring und manche sind so kohlrabenschwarz wie ein Fenster in eine andere Welt. Und auf der Erde bei den Menschen ist es nicht anders. Alle sind ganz verschieden.«

»Gibt es denn spitze und stumpfe, matte und glänzende, rote und blaue Menschen?«, möchte Elli wissen.

»Nicht ganz«, erklärt der Weihnachtsstern, »aber sie sehen trotzdem unterschiedlich aus. Und ich finde das prima. Denn Unterschiede machen Himmel und Erde spannend. Und an Weihnachten ganz besonders.«

»Warum denn an Weihnachten?«

Zaghaft schiebt Elli, das Sternchen, das eigentlich Bellatrix heißt, ihre Wolkendecke zur Seite. Nun tut es ihr doch Leid, dass sie die schönen Geschichten von Weihnachten verschlafen hat.

»Weil«, erklärt der Weihnachtsstern, »die Menschen nicht nur unterschiedlich aussehen, sondern auch unterschiedlich feiern, jeder auf seine Art, je nachdem, in welchem Land sie wohnen. Schau es dir nur selber an.«

»Aber was mache ich mit meiner knittrigen, stumpfen Zacke?«

»Die können wir glatt streichen. Und dass sie nicht so scharf ist, gefällt mir gerade gut. So kann sie dich und andere nämlich nicht verletzen.«

»Aber ein Stern muss doch angespitzte Zacken haben«, wendet Elli ein.

»Wer sagt denn so etwas?«, wundert sich der Weihnachtsstern.

»Ich dachte halt …«, stammelt das Sternchen.

»Ach was«, winkt der Weihnachtsstern ab, »keiner muss irgendwas müssen.«

Allmählich wird er ein bisschen ungeduldig. Heute ist Weihnachtsnacht. Draußen auf der Himmelswiese jubelt der Engelschor in den schönsten Tönen, sein kleiner Engel-Freund hält bestimmt schon längst Ausschau nach ihm, überall im Himmel und auf der Erde wird gesungen, geleuchtet und gefeiert. Doch was macht er? Er verblasst immer mehr auf der Bettkante eines traurigen kleinen Sternchens, das nicht leuchten will. Und dazu hat er eigentlich gar keine Lust.

Doch da kullert Elli ganz langsam aus ihrem Himmelbett heraus und klappt ihre Zacken auseinander. Sie wühlt sogar unter ihrem Wolkenkopfkissen, zieht ihr Laternchen hervor und hängt es sich über eine stumpfe Knitterzacke.

»Na, also«, seufzt der Weihnachtsstern. Elli will zwar immer noch nicht so richtig strahlen. Trotzdem schiebt der Weihnachtsstern sie sanft aus dem Sternenschlafsaal hinaus.

Draußen am Himmel funkeln schon all die anderen Milliarden Sterne. Die meisten haben sich zu wunderhübschen Bildern zusammengefunden. Manche sehen aus wie richtige Tiere. Da gibt es das Bild des großen und des kleinen Hundes, das vom Bär und vom Stier und vom Steinbock. Sogar einen Walfisch kann man erkennen, einen Delfin und eine Eidechse und auch solche Tiere, die es gar nicht wirklich gibt, wie zum Beispiel das Einhorn und das Pferd mit den Flügeln, das die Menschen Pegasus nennen.

»Und wo ist dein Platz?«, fragt der Weihnachtsstern das Sternchen Elli.

Die zuckt unsicher mit ihren Zacken.

»Jeder hat seinen Platz«, beharrt der Weihnachtsstern, »wo ist also deiner?«

»Dort, in dem Bild des Jägers, der Orion heißt«, flüstert Elli schließlich.

»Na prima«, freut sich der Weihnachtsstern, »setz dich nur schnell da hin, wo du auch hingehörst. Von dort kannst

du wunderbar die Erde beobachten. Und wenn du gut aufpasst, kleiner Stern, dann wirst du nicht nur Allerhand über
Weihnachten lernen, sondern obendrein noch eine Menge
spannender Geschichten erleben.«

 *Wenn du Lust hast, kannst du deinen eigenen
kleinen Stern basteln. Nimm dazu goldene oder
silberne Bastelfolie, schneide vier gleich große Kreise aus und teile sie mit einem dünnen
Bleistiftstrich in vier gleiche Viertel. Nun
schneide das Bleistiftkreuz zu 2/3 ein. Die Ecken der so entstandenen Viertel roll so übereinander, dass eine Spitze entsteht. Die vier Spitzen eines Kreises richte vorsichtig auf.
Klebe die Mitte des zweiten Kreises auf die Mitte des ersten
Kreises. Fest andrücken, damit es auch hält, denn Silberfo-
lie ist rutschig. Mach dasselbe mit den beiden anderen Sil-
berfolienkreisen. Nun klebe die beiden Zackenkreise mit der
Rückseite gegeneinander. Zieh durch eine Zacke einen
Zwirnsfaden und schon kannst du deine Bellatrix aufhängen. Vielleicht in dein Kinderzimmerfenster?*

Elli entdeckt die Erde

»Oh, wie schön«, staunt das Sternchen Elli. Sie ist sehr froh, dass der Weihnachtsstern sie aufgeweckt hat, denn nun kann sie Weihnachten erleben. Außerdem sieht der Abendhimmel so schön aus, dass sie fast ihre Knitterfalten vergisst. Nicht nur die Sterne um sie herum funkeln in tausend Farben. Direkt unter ihr leuchtet noch ein wunderschöner blauer Ball.

»Das muss ja ein ganz besonderer Stern sein«, ruft sie.

Der Weihnachtsstern lacht. »Das ist er auch, denn dort wohnt Gott.«

Da wundert sich aber das kleine Sternchen. Sie hat immer geglaubt, Gott wohne im Himmel.

»Das kommt davon, wenn man schläft, während ich von Weihnachten erzähle«, schmunzelt der Weihnachtsstern gutmütig. »Wenn du ordentlich zugehört hättest, dann wüsstest du, dass seit Weihnachten Gott bei den Menschen wohnt. Da ist er nämlich zu ihnen auf die Welt gekommen, und zwar genauso, wie die Menschen auch, als klitzekleines Baby.«

Elli ist ein bisschen zerknirscht, weil der Weihnachtsstern sie getadelt hat. Trotzdem fragt sie: »Und warum hat er das gemacht? Hat ihm der Himmel nicht mehr gefallen?«

»Doch«, lacht der Weihnachtsstern, »denn nirgendwo ist es so schön wie im Himmel. Trotzdem kam Gott zu den Menschen, denn er hat sie mächtig lieb. Und wenn man jemanden lieb hat, dann möchte man ganz nah bei ihm sein.«

»Wenn Gott auf diesem Planeten wohnt, dann wundert es mich kein bisschen, dass er so schön leuchtet«, schwärmt Elli. Denn natürlich weiß sie, dass es da, wo Gott ist, immer hell und friedlich ist. Das muss ihr der Weihnachtsstern nicht erklären. Aber der schüttelt nun doch den Kopf.

»Nein, so ist es leider nicht, Elli. Dieser hübsche Ball, der übrigens Erde heißt, wird von der Sonne beleuchtet. Deshalb strahlt er so schön. Aber hell und friedlich ist es dort nicht immer. Auf der Erde gibt es Tag und Nacht. Am Tag scheint die Sonne, da ist es hell. Und in der Nacht leuchten wir Sterne, da ist es auf der Erde nur ein bisschen hell. Und friedlich? .... naja.«

Bekümmert lässt sich der Weihnachtsstern auf eine Wolke plumpsen, die gerade sanft vorübersegelt. Und weil sie so schön watteweich ist, versinkt er darin bis über alle seine Spitzen. Nur ganz unten schaut ein Zipfelchen von seinem Schweif heraus. Elli reckt ordentlich ihren Sternenhals, um den Weihnachtsstern nicht aus den Augen zu verlieren.

»Aber ich denke, Gott ist zu den Menschen gekommen«, ruft sie.

Der Weihnachtsstern pult sich aus der Wolke heraus und kratzt sich mit einer Zacke am Kinn.

»Ja, doch leider leben nicht alle mit ihm. Aber an Weihnachten ...«

»Ja?«, fragt Elli gespannt. Vor lauter Aufregung beugt sie sich so weit nach vorne, dass sie beinahe aus ihrem Sternenbild gepurzelt wäre. Ärgerlich stampft der Stern Riegel auf. Er stellt im Sternbild den Fuß des Jägers Orion dar. »Pass doch auf«, schimpft er, »du bringst noch alles durcheinander.«

»Siehst du«, flüstert der Weihnachtsstern, »so ungeduldig sind die Menschen auch oft miteinander, und dann schimpfen sie nicht nur ein bisschen miteinander ... manchmal denken sie sich richtig schlimme Sachen aus, wie sie sich gegenseitig verletzen können. Doch mindestens an Weihnachten versuchen sie, Frieden zu halten. Manchmal überlegen sie dann sogar, wie sie sich gegenseitig Freude machen können.«

»Bestimmt leuchten sie füreinander, nicht wahr?«, überlegt Elli.

»Nicht ganz«, lächelt der Weihnachtsstern, »denn so leuchten wie wir Sterne können die Menschen nicht. Aber sie lassen sich trotzdem eine Menge einfallen. Wenn du genau hinsiehst, kannst du es beobachten.«

Der Weihnachtsstern stupst sich von seiner Wolke ab und segelt ein Stückchen näher an die Erde heran. Elli wagt nicht, sich zu rühren, denn natürlich möchte sie ihr Sternbild nicht durcheinander bringen und sie möchte auch den Stern Riegel nicht wieder verärgern. Aber auch wenn sie so still stehen bleibt wie der Mond, kann sie prima auf die blaue Erde herunterblicken. Die dreht sich sacht wie ein Ball auf einer spiegelblanken Wasserfläche. Und da entdeckt Elli, dass dieser Ball gar nicht nur blau ist. Große Flecken schimmern grün, manche gelb und oben und unten ist die Erde so weiß wie die saubersten Sommersonnewattewölkchen.

»Oben ist der Nordpol und unten der Südpol. Dort liegt das ganze Jahr über gefrorenes Wasser. Die Menschen sagen dazu Schnee und Eis. Das ist bitterkalt. Da, wo die Erde gelb ist, ist es dagegen sehr heiß. Und deswegen wächst dort nichts, oder jedenfalls nur ganz wenig. Die Menschen sagen dazu Wüste. Die grünen Flächen sind das Land, auf dem die Menschen leben. Damit sie sich besser darauf zurechtfinden, haben sie es in Kontinente eingeteilt, und die Kontinente in Länder«, ruft der Weihnachtsstern Elli zu.

»Und die vielen braunen und roten Pünktchen mitten in den grünen Flächen, das sind die Dörfer und Städte und darin leben die Menschen.«

»Die würde ich ja gerne mal kennen lernen«, seufzt Bellatrix.

»Kannst du doch«, zwinkert der Weihnachtsstern, »und zwar alle miteinander und einmal rund um die ganze Erde. Und das sogar noch an Weihnachten.«

»Und wie geht das, bitte schön? Ich darf ja nicht wie du kreuz und quer über den Himmel flitzen.«

»Untersteh dich und rühr dich nicht vom Fleck«, fällt ihr der Stern Riegel ins Wort. Und natürlich bleibt Elli sofort ganz zackig auf der Stelle stehen, denn wer im Sternbild ein Fuß ist, der weiß natürlich, ob man sich vorwärts, rückwärts oder am besten überhaupt nicht von der Stelle rühren darf. Elli hält sogar ein bisschen den Atem an. Aber das braucht sie nun eigentlich doch nicht. Der Weihnachtsstern fängt schon an zu kichern. Deshalb fragt Elli noch einmal ganz vorsichtig und leise nach: »Also, wie komme ich nun auf die Erde und zu den Menschen?«

»Ach, Elli«, grinst der Weihnachtsstern, »ich glaube, du hast so lange geschlafen, dass du dich nicht einmal mehr mit dir selber auskennst. Weißt du denn gar nichts mehr über die Lichtreisen?«

Elli tippt sich nachdenklich mit einer stumpfen Zacke gegen ihre Sternenstirn. Gut, dass sie nicht nur spitze hat. Sonst hätte sie sich jetzt ganz schön weh getan. Aber so dämmert es ihr nun: Sie hat doch ihr Laternchen dabei. Und wofür ist das gut? Um zu leuchten natürlich. Und jeder Sternenlaternenstrahl kann genauso wie der Weihnachtsstern selber kreuz und quer durchs Weltall flitzen. Elli braucht also bloß ihr Laternchen anzuzünden und einen Sternenstrahl mitten auf die Erde schicken. Die Strahlen sind so blitzschnell, dass sie fast fünfmal die ganze Weltkugel umrunden können, ehe Elli auch nur mit den Augen gezwinkert hat. Die Menschen nennen diese Schnelligkeit Lichtgeschwindigkeit. Weil die Strahlen so rasen, kann Elli in dem Moment, in dem sie nur an die Erde denkt, auch schon sehen, was dort passiert. Das ist sehr praktisch, denn so braucht der kleine Stern sich kein Sternenstäubchen weit von der Stelle rühren und kann doch gleichzeitig auf der schönen leuchtenden Weltkugel herumspazieren.

»Nein, nein, nicht spazieren«, mahnt der Weihnachtsstern, »sonst bringst du auf der Erde noch alles durcheinander.«

»Hab' ich's nicht gesagt«, brummt von unten der Stern Riegel herauf, »erst verschläft sie fast die Weihnachtsnacht, dann hopst sie mitten in ihrem eigenen Sternenbild herum und zum Schluss will sie auch noch die Erde in Unordnung bringen. Nein, ein Stern hat hübsch an seinem Platz zu bleiben. Woher sollen denn sonst die Menschen wissen, wann Tag und wann Nacht ist?«

»Jetzt ist Nacht und zwar Weihnacht. Aber nur auf der einen Seite der Erde und zwar auf der, die wir gerade sehen können. Auf der anderen scheint die Sonne«, unterbricht ihn der Weihnachtsstern rasch. Der kleine Stern ist nämlich schon wieder ganz eingeschüchtert. Niedergeschlagen lässt Elli ihr Laternchen herunterbaumeln. Nun leuchtet es nur noch ganz schwach. Wie gut, dass der Weihnachtsstern bei ihr ist.

»Tu genau das, wozu du da bist: Leuchte nur kräftig«, ermuntert er sie, »dann wird einer deiner Strahlen ganz von alleine auf die Erde fallen.«

Dagegen kann auch der brummige Stern Riegel nichts einwenden. Deshalb dreht Elli rasch ihr Laternchen auf. Sofort flitzen die Bellatrix-Sternstrahlen los. Einer saust mitten auf die Erde. Auf welches Land er wohl trifft?

Vielleicht entdeckt Elli gerade das Land, in dem du lebst. Hol dir einen Atlas und suche dein Heimatland heraus. Auf einem Globus kannst du die Welt genauso sehen wie der Stern Bellatrix. Male ein Bild von Elli und der Weltkugel. Oder magst du eine Bellatrix-Laterne basteln?

Nimm eine leere, saubere Milchtüte und trenn oben den Deckel ab. Aus den vier Seiten schneide jeweils vier Dreiecke so heraus, dass diagonal ein Kartonkreuz stehen bleibt (also: flache, lange Seiten der Dreiecke außen an der Kartonseite, Dreiecksspitzen zeigen in die Mitte der Kartonseite). Hinter diese Kreuze klebe buntes Transparentpapier. Spann oben über die Öffnung einen Bogen aus Draht, damit du deine Laterne aufhängen kannst. Innen rein stell ein brennendes Teelicht. Wohin fallen die Strahlen aus deiner Laterne?

Deutschland

Conni, Tim und die Weihnachtsgeschichte

Das Land, das Elli zuerst besucht, heißt Deutschland. Es heißt so, weil dort die Menschen Deutsch sprechen. Das jedenfalls hat der Weihnachtsstern so erklärt. Da hat Elli sich sehr gewundert. »Sprechen denn die Menschen auf der Welt unterschiedliche Sprachen?«, wollte sie wissen.

»Natürlich«, hatte der Weihnachtsstern genickt.

»Aber dann können sie sich ja gar nicht verstehen.«

»Nein, das können sie nicht. Aber Gott versteht sie, denn Gott kennt jede Sprache.«

Da hat der kleine Stern erleichtert aufgeatmet.

»Sie sprechen also unterschiedlich, sie sehen unterschiedlich aus und sie feiern unterschiedlich. Macht aber nichts, wenn sie wenigstens alle dasselbe feiern, oder?«

»Genau, Elli, und weißt du noch, was sie heute feiern?«

Natürlich weiß Elli das. Heute ist Weihnachtsnacht und an Weihnachten feiern die Menschen, dass Gottes Sohn Jesus zu ihnen auf die Welt gekommen ist. Die Himmelswesen feiern Gott auch. Die Engel tun das, indem sie so schön singen, wie sie nur können, und die Sterne, indem sie hell leuchten, jeder an seinem Platz. Aber wie machen das die Menschen? Elli möchte das wirklich gerne wissen. Deshalb leuchtet sie so hell sie kann auf die Erde hinunter. Und ihre Sternenstrahlreise führt sie mitten in einen roten Punkt, den der Weihnachtsstern Stadt nennt. So eine Stadt besteht aus lauter Häusern, in denen die Menschen wohnen. Doch merkwürdig: Hier scheint es ja auch Sterne zu geben. Wo Elli auch hinschaut, überall blitzt und blinkert es.

»Nanu«, wundert sie sich, »sind etwa tausend Sterne auf die Erde gefallen?«

»Nein«, lacht der Weihnachtsstern, »das sind Lichter, die die Menschen angezündet haben.«

»Mitten in der Nacht?«, will Elli wissen. »Ich dachte immer, nachts würden die Menschen schlafen.«

»Aber doch nicht an Weihnachten. An Weihnachten dürfen sogar die Kinder aufbleiben. Schau nur mal genau hin, dann entdeckst du sie vielleicht.«

Rasch reibt Elli sich die Sternenaugen blank, stellt ihren Sternenlichterstrahl ein bisschen schärfer ein und richtet ihn so aus, dass er mitten durch ein Fenster in eines der Häuser hineinhuscht. Sofort wird es drinnen ein wenig heller. Aber niemand außer Elli selber bemerkt das, denn im Haus leuchtet schon so viel Kerzenlicht. Da fällt ein kleiner Sternenstrahl kaum noch auf. Trotzdem ist der Sternenstrahl ganz wichtig, denn mit ihm kann Elli alles ganz prima anschauen. Zuerst entdeckt sie die Menschen. Zwei Große sitzen an einem festlich gedeckten Tisch. Zwei Kleine zappeln auf ihren Stühlen herum.

»Das sind Vater, Mutter und ihre Kinder Conni und Tim«, erklärt der Weihnachtsstern.

Auf Kinder hat Elli sich besonders gefreut. Bisher hat sie sie immer nur beim Schlafen beobachtet. Wahrscheinlich hat sie sogar schon einmal durch das Kinderzimmerfenster von Tim gelugt. Oder war es das von Conni? Na, egal, jedenfalls kommen ihr die beiden irgendwie bekannt vor. Und sie gefallen ihr sehr, besonders, weil sie wach sind. Da sehen sie nämlich richtig fröhlich aus und ganz schön aufgeregt. Sie lachen sogar. Ihre Gesichter strahlen und in ihren Augen spiegelt sich der Glanz der vielen Kerzen.

»Wie die Engel im Himmel«, findet Elli.

»Es kommt noch besser«, schmunzelt der Weihnachtsstern, »wenn sie erst mal gegessen haben...«

»Was passiert dann?« fragt Elli.

»Das wirst du schon noch sehen.«

Elli ist fast genauso gespannt wie die Kinder. Sie zappelt sogar wieder ein bisschen in ihrem Sternbild herum. Der Stern Riegel räuspert sich schon und schaut ganz streng zu ihr herauf. Auch die Menschenmutter klopft nun energisch auf den Tisch.

»Könnt ihr es denn gar nicht mehr abwarten?«, fragt sie.

»Nein«, johlen Conni und Tim. Und selbst der Vater meint, sie sollten sich nun mit dem Essen beeilen. Was gibt es denn? Hoffentlich nicht so ein richtig langes Weihnachtsessen mit mindestens 15 Gängen, wünscht sich Tim.

»Am schönsten wären Würstchen mit Kartoffelsalat«, findet Conni.

»Naja, normalerweise ist Gänsebraten ein richtiges Weihnachtsessen«, schmunzelt die Mutter, »aber so aufgeregt wie ihr seid, könnt ihr einen Braten wahrscheinlich sowieso nicht genießen. Und deshalb...«

Sie hebt den Deckel von der Schüssel und drinnen liegen tatsächlich dampfende Kochwürstchen auf Kartoffelsalat. Ratzfatz putzen Conni, Tim und der Vater alles bis auf das letzte Kartoffelscheibchen und das kleinste Wurstzipfelchen auf. Und dann möchten sie sofort losstürzen.

»Wohin wollen sie denn so eilig?«, möchte Elli wissen.

»Ins Weihnachtszimmer natürlich«, erklärt der Weihnachtsstern.

Der Vater geht voraus. Doch die Kinder müssen noch im Flur warten. Erst als aus dem Weihnachtszimmer ein silberhelles Glöckchen klingelt, öffnet die Mutter die Tür. Atemlos bleiben Conni und Tim auf der Schwelle stehen. Wie glänzt das Zimmer und wie strahlen die Lichter am Baum. Überall leuchten Kerzen, Tannengrün duftet und an den Fenstern funkeln Goldpapiersterne wie Himmelslichter. Elli reißt weit die Augen auf. »Ui«, staunt sie.

Sie hat ja schon oft auf den hübschen blauen Planeten Erde heruntergeschaut. Aber da wusste sie noch nichts von Weihnachtszimmern. Bisher hat sie sich nur an den schönen Landschaften gefreut, an Flüssen und Meeren, Bergen und Tälern,

Blumen und Bäumen. Aber dass Bäume sogar in den Zimmern der Menschen wachsen, sogar mit Lichtern daran, davon hatte sie natürlich keine Ahnung, auch nicht von den merkwürdigen Früchten, die von den Zweigen herunterbaumeln.

»Das sind doch keine Früchte.« Der Weihnachtsstern schüttelt verwundert den Kopf. »Das ist Tannenbaumschmuck«, sagt er, »Goldpapierketten und Strohsterne und Holznikoläuse und Salzteigplätzchen und …«

»Und wo kommt das alles her?«, fragt Elli.

»Den Tannenbaumschmuck haben Conni und Tim während der Adventszeit selber gebastelt.«

»Advent? Was ist das denn?«

»Advent«, erklärt der Weihnachtsstern, »dauert meistens vier Wochen und ist die Zeit, in der die Menschen auf Weihnachten warten.«

»Na, wenn Conni und Tim so lange warten mussten, dann wundert es mich nicht, dass sie jetzt fast platzen vor lauter Anspannung«, lächelt Elli. Sie selber hat ja nicht mal ein Sternenviertelstündchen aushalten müssen und trotzdem ist sie schon ziemlich ungeduldig. Wann gehen die Kinder denn nun endlich in das Weihnachtszimmer hinein? Und was passiert, wenn sie drin sind?

Zuerst singen sie. Sie singen: »Freu dich Erd und Sternenzelt …«

»Mach ich doch schon längst«, murmelt Elli.

»… Gottes Sohn kam auf die Welt.«

»Natürlich«, schmunzelt der Weihnachtsstern.

»Halleluja…«, singen die Menschen und da stimmt sogar das schüchterne Sternenmädchen mit ein. Die ganze Nacht könnte sie so singen. Ach, Weihnachten auf der Welt ist doch schön. Aber plötzlich, gerade als Elli noch ein Halleluja hinterher säuseln möchte, wird es im Wohnzimmer ganz still. Was ist denn nun schon wieder los?

»Jetzt kommt das Beste«, flüstert der Weihnachtsstern.

Angestrengt blickt Elli auf die Menschen herunter. Der Junge, der Tim heißt, zappelt immer noch wie ein Hampelmann. Elli sieht, dass er am liebsten schon wieder irgendwohin flitzen würde. Wahrscheinlich dahin, wohin er schon die ganze Zeit schielt, nämlich zu dem Weihnachtsbaum. Darunter liegen lauter bunte Päckchen.

»Das sind die Geschenke«, erklärt der Weihnachtsstern, »die Menschen beschenken sich an Weihnachten, um sich gegenseitig Freude zu machen.«

»Aha«, sagt das kleine Sternchen. Aber eigentlich kapiert sie überhaupt nichts. Machen sich denn die Menschen nicht jeden Tag Freude? Im Himmel jedenfalls ist das selbstverständlich. Da beschenken sich Sterne und Engel und alle anderen Himmelswesen andauernd, sind freundlich und aufmerksam zueinander und überlegen sich lauter kleine Überraschungen für die, die sie besonders mögen. Machen es denn die Menschen nicht genauso? Vielleicht sollte sie gleich mal den Weihnachtsstern danach fragen. Doch der legt gerade eine Zackenspitze auf seinen Mund.

»Pst«, haucht er ehrfurchtsvoll, »jetzt hör gut zu, denn jetzt kommt das Beste.«

Ach, das Geschenkeauspacken, denkt Elli. Ehrlich gesagt möchte sie nun auch gerne wissen, was sich in den hübschen Paketen verbirgt. Da geht es ihr genauso wie dem zappeligen Tim. Doch die Menschenmama achtet kein bisschen auf die Geschenke. Stattdessen fragt sie: »Was ist das Wichtigste an Weihnachten?«

»Die Überraschungen natürlich«, schmunzelt der Menschenpapa und zwinkert seinen Kindern zu. Doch das Mädchen, das Conni heißt, widerspricht ihm. Während der langen Adventszeit hat sie viel über Weihnachten erfahren. Und deshalb weiß sie jetzt genau: Das Wichtigste an Weihnachten ist Jesus. Und damit ihr Papa und ihr Bruder, der Zappeltim, das endlich auch verstehen, deshalb schießt sie sofort los. Tim sitzt auch plötzlich ganz still und hört aufmerksam zu. Und sogar Elli lehnt sich gespannt nach vorne. Sie hat ja, während der Weihnachtsstern den anderen Sternen von Weihnachten erzählte, tief und fest in ihrem Wolkenbettchen geschlafen.

Deshalb hat sie nun überhaupt keine Ahnung. Und leider hatte der Weihnachtsstern auch keine Zeit mehr gehabt, ihr alles noch nachträglich zu berichten. Macht aber nichts, denn nun hat Elli sich ja extra auf eine Weihnachts-Weltreise begeben, um alles zu erfahren. Wie schön, dass sie gleich auf ihrer ersten Station auf ein Menschenkind getroffen ist, das Bescheid weiß. Also spitzt sie ihre Sternenohren. Aber was sie zu hören bekommt, ist leider alles ein bisschen durcheinander.

»Heute hat Jesus Geburtstag«, lacht Conni gerade.

»Genau, Conni«, sagt die Menschenmama und klappt ein dickes Buch auf.

»Und nun machen wir es genauso, wie wir es auch an euren Geburtstagen tun. Wir freuen uns so riesig darüber, dass wir euch haben, dass wir uns an jedem Geburtstag daran erinnern, wie ihr geboren wurdet. Und weil wir uns freuen, dass Jesus auf die Welt kam...«

»...deswegen erinnern wir uns jetzt mal an seine Geburt«, fällt Tim ihr ins Wort.

»Ich lese euch das mal vor«, schlägt Mama vor.

»Gibt es denn ein Buch, in dem etwas über Gott steht?«, wundert sich Elli.

»Natürlich«, seufzt der Weihnachtsstern, »wenn du mal in die Himmelsbibliothek gehen würdest, dann wüsstest du das. Denn dort würdest du die 66 Bücher finden, in denen alles steht, was man über Gott wissen kann. Die Menschen haben ein dickes Buch daraus gemacht. Sie nennen es Bibel.«

»Und warum brauchen sie die?«

Elli kann gar nicht aufhören, sich zu wundern. Wenn sie etwas über Gott erfahren will, dann geht sie direkt zu ihm. So einfach ist das.

»Bei den Menschen klappt das nicht, denn viele von ihnen haben den Weg zu Gott vergessen. Was glaubst du denn, weshalb Jesus zu ihnen gekommen ist?«

Elli zuckt hilflos mit ihren Sternenschultern. »Keine Ahnung«, gibt sie zu. Sie findet die Welt und die Menschen reichlich kompliziert.

»Damit er ihnen zeigt, wie sie wieder zu Gott finden können, dass er sie lieb hat und dass sie ihm wichtig sind.«

Ach ja, erinnert sich der kleine Stern, damit hat ja alles angefangen. Der Weihnachtsstern hat ihr das genau erklärt: Gott liebt alle seine Geschöpfe, egal, wie sie aussehen und wie sie leben. Sogar so ein kleiner verknitterter Stern wie Elli entgeht Gott nicht, weil sie ihm wichtig und wertvoll ist. Ach so, und die Menschen, sogar Conni und Tim, hat Gott so doll lieb, dass er zu ihnen auf die Welt gekommen ist. Er muss ja richtig verrückt nach ihnen sein, dass er so etwas macht, wo es doch im Himmel viel unkomplizierter ist. Meine Güte... Elli strahlt vor lauter Staunen ein bisschen heller. Dem Stern Riegel scheint das zu gefallen, denn er blinzelt dem kleinen Stern richtig freundlich zu. Und auch der Weihnachtsstern lächelt. Selbst die Menschen im Weihnachtszimmer strahlen. Denn nun liest die Menschenmama vor:

»Zu der Zeit, als Jesus geboren war, ließ der Kaiser Augustus alle seine Untertanen zählen. Jeder musste in die Stadt ziehen, in der er geboren war. Auch Josef aus Galiläa aus der Stadt Nazareth machte sich auf den Weg in seine Geburtsstadt Bethlehem. Mit ihm ging seine Frau Maria, die war schwanger.«

»Dort bekam sie ihren ersten Sohn«, fällt Conni ein, »sie wickelte ihn in Windeln und legte ihn in eine Futterkrippe, denn sie hatten nur in einem kleinen Stall Platz zum Übernachten gefunden.«

»In derselben Gegend lagerten Hirten auf den Feldern bei ihren Schafherden«, fährt die Mama fort. Doch Elli hört nicht mehr zu. Sie wundert sich schon wieder. Also diese Menschen... Auf einmal ärgert sie sich sogar ein bisschen. Da kommt Gott selber zu ihnen. Aber sie haben nicht mehr für ihn übrig als einen mickrigen kleinen Stall. Wie kalt und ungemütlich es darin wohl gewesen ist. Und gestunken hat es wahrscheinlich auch, nach Tieren natürlich, denn ein Stall ist ja eigentlich für Tiere da, aber ganz bestimmt nicht für Gott.

Elli kann sich so etwas kaum ausmalen.

»Brauchst du auch gar nicht«, tröstet sie der Weihnachtsstern, »denn jetzt...«

»Jetzt dürfen die Kinder ihre Geschenke auspacken«, unterbricht ihn Elli.

Tatsächlich, die Menschenmama schließt gerade das Buch. Die Kinder sitzen noch einen Augenblick mucksmäuschenstill, denn die Geschichte, die sie gerade gehört haben, hat ihnen sehr gefallen. Elli hat wieder einmal nicht alles mitbekommen, doch diesmal nicht, weil sie geschlafen hat, sondern weil sie sich unbedingt ärgern musste. Schade. Nur ein bisschen vom Schluss hat sie noch gehört.

»Fürchtet euch nicht, denn ich verkündige euch große Freude. Heute ist Gottes Sohn geboren.«

»Also doch eine Überraschung«, schmunzelt nun der Menschenpapa und blinzelt zu den Geschenken unter dem Tannenbaum.

»Ist Jesus denn ein Geschenk?«, wundert sich Tim.

»Na klar«, nickt Mama, »Jesus ist Gottes Geschenk an die Menschen.«

»Und unser Geschenk an euch...«, grinst Conni und springt auf.

»Ja, richtig«, ruft Tim, »wir haben ja etwas für euch.«

Und schon kniet er vor dem Baum und wühlt in dem Geschenkeberg. Zwei Päckchen zieht er hervor. Eins reicht er seinem Papa, das andere legt er seiner Mama in den Schoß. Was da wohl drinsteckt?

Conni und Tim haben so viel Spaß daran, ihren Eltern eine Freude zu machen, dass sie fast darüber ihre eigenen Geschenke vergessen. Aber nur für einen klitzekleinen Moment. Dann endlich dürfen sie die Päckchen auspacken, die Mama und Papa für sie vorbereitet haben.

Elli würde zu gerne dabeibleiben, am liebsten bis morgen früh. Doch da zupft der Weihnachtsstern an einer ihrer Sternenzacken.

»Du brauchst dir wirklich nicht auszumalen, wie Jesus geboren wurde«, lacht er.

Ach ja, das hätte Elli vor lauter Geschenken beinahe vergessen.

»Also, sieh noch mal genau unter den Tannenbaum«, fordert sie der Weihnachtsstern auf. Nanu, liegt da etwa noch eine Überraschung? Haben die Kinder etwa ein Päckchen vergessen? Das kann sich der kleine Stern gar nicht vorstellen. Haben sie auch nicht. Was noch ganz zum Schluss von allen Geschenken übrig bleibt, ist ein kleines, mit Stroh gedecktes Häuschen. Auch drinnen ist es mit Stroh ausgepolstert und auf dem Stroh liegen zwei Tiere und daneben knien zwei Figuren, die aussehen wie Mann und Frau. Zwischen ihnen steht ein Futtertrog. Und wenn Elli ihren Sternenstrahl genau auf diese Krippe richtet, dann kann sie ein winzigkleines Figürchen darin entdecken.

»So sah es also aus, als Jesus geboren wurde«, murmelt sie.

»Ja, so jedenfalls malen es sich die Menschen aus«, erklärt der Weihnachtsstern und dann fügt er leise hinzu: »Ich weiß, wie es war, denn ich war selber dabei. Schließlich bin ich ja der Weihnachtsstern.«

»Oh«, haucht Elli bewundernd. Aber da lacht der Weihnachtsstern auch schon wieder. »Davon erzähle ich dir später. Nun komm erst einmal. Dann zeige ich dir ein Land, da bauen die Menschen die wunderschönsten Krippen. Willst du die mal sehen?«

Klar will Elli. Sie wäre zwar noch gerne bei Conni und Tim geblieben. Und sie hat auch noch gar nicht richtig gesehen, was die beiden ihren Eltern geschenkt haben. Aber da dreht sich der schöne blaue Planet Erde ein kleines bisschen und schon taucht unter Elli ein neues Land auf.

 *Schade, weil Elli nicht bleiben konnte, hast du auch nicht erfahren, was die Eltern von Conni und Tim zu Weihnachten bekommen. Aber sicher hast du schon eine Idee für deine Eltern. Nein, nicht? Vielleicht hilft dir dieser Tipp:*

Nimm zwölf Kartonblätter und loche die obere Kante mit einem Locher. Zieh ein buntes Band hindurch. So erhältst du ein Buch, das du auf und zu klappen kannst. Auf jede Seite des Buches malst du auf die untere Hälfte die Kalendereinteilung eines Monats. Solche Kalender zum selbst gestalten gibt es auch zu kaufen. Aber ein selbst gebastelter ist natürlich tausendmal schöner – und natürlich auch billiger. Deinen Kalender kannst du so fantasievoll wie möglich gestalten. Kleb lustige Collagen hinein, die zu dem jeweiligen Monat passen. Eine Collage entsteht, wenn du lauter bunte Zeitungsbilder zu einem neuen Bild zusammenfügst. Du kannst auch selbst ein Bild malen, oder – zum Beispiel im Oktober – selbstgepresste Blätter aufkleben. Für den Februar, wenn Fasching gefeiert wird, kleb ein Clownsgesicht aus Filz, Pappe oder Moosgummi auf. Im Winter passt gut ein Schneemann. Für die anderen Monate denk dir selbst etwas aus. Deine Eltern freuen sich bestimmt auch über ein Foto von dir. Aber keins aus einem Fotoalbum heraustrennen. Frag lieber deine Verwandten, ob dich mal jemand fotografiert. Bis Weihnachten dauert es noch eine Weile. Du hast also bestimmt noch Zeit, viele Ideen für deinen Kalender umzusetzen. Aber nichts verraten. Schließlich soll der Kalender ja eine Überraschung werden. Und wenn deine Eltern schon davon wissen oder dir vielleicht sogar beim Basteln helfen, dann schenk ihn zu Weihnachten deinen Großeltern oder sonst jemandem, den du gerne magst.

Italien

Cosimo und die Krippe

Cosimo lebt in Italien, und zwar seit er auf der Welt ist. Das ist gar nichts Besonderes für ihn. Er denkt nicht einmal darüber nach und heute schon gar nicht. Heute denkt er nur daran, dass endlich Weihnachten ist. Acht Tage hat er darauf gewartet – so lange dauert nämlich in Italien der Advent. Doch nun endlich wird gefeiert und zwar bis zum Dreikönigsfest am 6. Januar.

Gerade steht er vor dem Spiegel und bürstet sich die Haare. Sie sind schwarz wie Schuhcreme und glänzen wie Lackleder, denn er striegelt sie so kräftig wie einen Pferderücken. Das tut er nicht oft. Normalerweise lässt er seine Locken machen was sie wollen, auch wenn sie sich kringeln wie Schweineschwänzchen. Cosimo ist das egal. Er ist nämlich neun Jahre alt und welcher Junge von neun Jahren kümmert sich schon um seine Frisur, außer natürlich am 24. Dezember? Cosimo hat sich sogar freiwillig eine feine schwarze Hose und sein bestes weißes Hemd angezogen. Denn an Weihnachten ziehen sich alle Italiener feierlich an, sogar die Kinder. Nun muss es nur noch neun Uhr schlagen, dann beginnt endlich die Heilige Nacht. Und am Anfang der Heiligen Nacht wird ein riesengroßer Gottesdienst gefeiert.

Jedes Kind in Italien weiß, dass ein Gottesdienst etwas Besonderes ist. Denn im Gottesdienst geht es um Gott. Und an einem Weihnachtsgottesdienst erst recht. Denn an Weihnachten ist Jesus, Gottes Sohn, zu den Menschen gekommen.

Cosimo geht fast jeden Sonntag mit seinen Eltern in die Kirche. Doch ehrlich gesagt langweilt er sich fast immer, obwohl ihm die Geschichten von Gott gefallen. Aber der Priester erzählt ja nicht nur die schönen Geschichten, sondern immer auch noch viele andere Sachen, die Cosimo nicht versteht. Doch die Weihnachtsgeschichte versteht er immer, schon deshalb, weil er sie nicht nur hören, sondern auch sehen kann. Vor dem Altar wird nämlich jedes Jahr alles, was dazu gehört, aufgebaut: der Stall mit den Tieren und Maria und Josef und mittendrin die Krippe mit dem Jesuskind. Cosimo ist schon richtig gespannt, wie sie dieses Jahr aussehen wird. Die, die sein Papa und sein Opa aufgebaut haben ... die ist bestimmt super geworden. Ach, Cosimo kann es kaum erwarten. Wer weiß, was die beiden sich dieses Jahr ausgedacht haben? Er malt sich gerade aus, wie sie nachher die Zimmertür öffnen, da klopft plötzlich jemand von draußen an die Badezimmertür.

»Wie lange brauchst du denn noch?«, ruft Cosimos Mama.

»Bin gleich fertig«, ruft Cosimo zurück und lässt noch ein letztes Mal die Bürste über seinen Kopf sausen. Dann öffnet er die Tür.

»Na, endlich«, seufzt seine Mama, »es ist nämlich schon ziemlich spät.«

Cosimos Mama hat sich auch schick gemacht und sie duftet ganz wunderbar. Cosimo zieht seine Nase kraus und schnuppert. Seine Mama riecht ein bisschen nach Parfüm und ein bisschen nach Essen. Cosimo läuft das Wasser im Munde zusammen. Er hat nämlich einen Bärenhunger, weil er den ganzen Tag noch nichts gegessen hat. So ist das an Weihnachten. Den ganzen Tag über wird gefastet. Und wer so lange nichts in den Bauch bekommt, der freut sich umso mehr auf das leckere Festessen, das es nach dem Gottesdienst gibt. Am meisten freut Cosimo sich auf die Panettone, den süßen Weihnachtskuchen. Durchs Schlüsselloch der Küchentür hat er beobachtet, wie seine Mama ihn gebacken hat. Stundenlang hat sie in der Küche hantiert. Sie hat lauter feine Sachen gebacken, gebraten und gebrutzelt. Die Oma und Cosimos Tante sind gekommen um seiner Mama zu helfen. Und dann sind sie alle geblieben, auch der Opa und der Onkel und Cosimos Cousins und Cousinen. Die tanzen schon lange mit lautem Geschrei durchs Haus und warten darauf, dass Cosimo endlich fertig wird. Wenn er nicht bald kommt, dann fängt Weihnachten noch ohne ihn an. Und das wäre doch schade. Also los, Cosimo, beeil dich mal ein bisschen. Das jedenfalls wünschen sich nicht nur Mama, Papa und die ganze Verwandtschaft, sondern auch der kleine Stern Elli. Aber von dem weiß Cosimo natürlich nichts und auch nichts von der Weihnachts-Weltreise und erst recht nichts vom Bellatrix-Sternenstrahl, der ausgerechnet in seinem Land und dann auch noch in dem Haus, in dem er wohnt, gelandet ist und nun im Badezimmer herumleuchtet. Cosimo hat sich zwar gewundert, dass ihm da etwas aus dem Spiegel entgegenblinkerte. Doch kaum stürzt er aus dem Bad heraus, da hat er schon das merkwürdige Leuchten vergessen. Schließlich hat er heute an Wichtigeres zu denken. Wäre er nur ein bisschen weniger aufgeregt, dann würde er vielleicht merken, dass ihm das merkwürdige Leuchten folgt. Ellis Sternenstrahl huscht nämlich rasch hinter ihm her durch die Tür und durchs Haus und mischt sich mit ihm unter die lachenden Kinder und tobt mit ihnen hinaus auf die Straße. Dort wuselt es nur so vor lauter Menschen.

»Buon Natale«, rufen sie sich zu.

»Das bedeutet bestimmt: Fröhliche Weihnachten«, meint der kleine Stern.

»Stimmt nicht«, verbessert ihn der Weihnachtsstern, »die Menschen wünschen sich ein gutes Geburtstagsfest.«

Ach so, ja, richtig. Heute ist ja Jesus-Geburtstag. Jesus ist zu den Menschen auf die Welt gekommen, und wenn jemand auf die Welt kommt, dann wird er geboren, und wenn jemand geboren wird, dann hat er Geburtstag, klar.

Der Weihnachtsstern seufzt.

»Also, hoffentlich brauche ich das nicht noch einmal erklären. Es gibt nämlich noch so viel anderes zu erfahren...«

»Was denn?«

»Na, zum Beispiel, wie und wo Jesus geboren wurde.«

»In einem Stall... in einer Krippe«, weiß Elli und strahlt.

»Richtig«, nickt der Weihnachtsstern, »und die schauen wir uns jetzt mal an.«

Cosimo und seine Familie marschieren gerade lachend und scherzend in die Kirche. Doch anstatt ihnen zu folgen, machen Elli und der Weihnachtsstern einen kleinen Abstecher in die umliegenden Häuser. Sie schlüpfen einfach durch die Fenster. Menschen, die so etwas machen, sind Einbrecher und müssen bestraft werden. Aber Sterne dürfen das, denn Sterne machen nichts kaputt und nehmen auch nichts weg. Sie schauen nur. Zuerst schauen Elli und der Weihnachtsstern in die Weihnachtsstube eines Pizzabäckers. Erstaunt blickt Elli sich um.

»Hier gibt es ja gar keinen Weihnachtsbaum«, wundert sie sich.

»Die Italiener finden Weihnachtsbäume nicht so wichtig«, erklärt der Weihnachtsstern, »sie legen viel mehr Wert auf die Presepio.«

»Was für ein Pio?«

»Na, die Krippe, mit allem was dazugehört.«

»Und was gehört dazu?«

»Frag nicht, schau lieber«, schmunzelt der Weihnachtsstern.

Und da entdeckt Elli sie auch schon. Da ist mitten auf einem großen Tisch eine Krippe aufgebaut, ein Stall, mit Stroh drin und Engeln auf dem Dach und obendrüber ein Stern mit langem Schweif.

»Das bist ja du«, ruft Elli.

»Stimmt«, freut sich der Weihnachtsstern. Schön, dass die Menschen an ihn gedacht haben. Der Weihnachtsstern wird richtig ein bisschen rot. Ob er wohl verlegen geworden ist? Manchmal wird das einer, wenn er plötzlich im Mittelpunkt steht. Deshalb erklärt er wahrscheinlich auch ganz schnell, dass es eigentlich gar nicht um ihn geht, oder jedenfalls nur ein wenig. Die Hauptsache ist natürlich Jesus. Und da liegt er, mitten im Futtertrog der Tiere. Daneben knien Maria und Josef und drei weise Männer verbeugen sich. Drumherum stehen Schafe und Kühe, ein Esel und ein Hund.

»War denn auch ein Hund dabei?«, fragt der kleine Stern.

»Ist schon möglich«, überlegt der Weihnachtsstern, »vielleicht ist ein Hütehund den Hirten gefolgt, als sie zum Stall wanderten, um Jesus zu sehen.«

»Aber dieser sieht eher aus wie ein Dackel«, findet Elli.

»Genauso wie der Dackel des Pizzabäckers«, lacht der Weihnachtsstern, »die Leute hier machen das so: Sie bauen Figuren auf, die zu ihrem eigenen Leben gehören, manchmal sogar ihre ganze Verwandtschaft.«

Tatsächlich, zwischen den Hirten stößt Ellis Sternenstrahl auf eine kugelrunde Figur, die eine weiße Bäckermütze auf ihrem Kopf trägt. Dass das kein Hirte sein kann, sieht Elli sofort. Und die Kinder, die hinter dem dicken Mann herwackeln, sind auch keine. Das ist aber merkwürdig. Was haben die denn in der Krippenlandschaft zu suchen? Der Weihnachtsstern zuckt mit seinen Zacken, denn darauf weiß sogar er keine Antwort.

»Mal sehen, ob andere Familien es genauso machen«, schlägt Elli vor.

»Sie machen«, meint der Weihnachtsstern. Trotzdem folgt er Elli, die schwuppdiwupp mit ihrem Sternenstrahl in andere Weihnachtszimmer leuchtet.

Überall sind die schönsten Krippenlandschaften aufgebaut. Manche Figuren sind aus Holz, manche aus Ton, manche aus Stoff, der um Draht gewickelt wurde. Und eine Landschaft ist schöner als die andere. Da gibt es richtige kleine Wälder oder Blumengärten, die hinter dem Stall blühen. Und einige Ställe sehen sogar aus wie das eigene Wohnhaus. Manche Krippen sind mit bunten Lichtern hell beleuchtet, um andere liegen Süßigkeiten ausgebreitet.

Nur Geschenke gibt es keine. Nirgendwo entdeckt Elli auch nur ein einziges Päckchen.

»Überraschen sich hier denn nicht die Menschen?«, möchte sie wissen.

»Doch, mit ihren Krippenfiguren. Jedes Jahr denken sie sich etwas Besonderes aus«, erklärt der Weihnachtsstern.

»Das scheint ihnen ja auch wirklich zu gelingen«, gibt Elli zu. »Mir gefallen die Krippenlandschaften jedenfalls ziemlich gut. Aber trotzdem...«

Sie ist ein bisschen enttäuscht.

»Wenigstens ein klitzekleines Geschenkchen könnte es doch geben?«

»Gibt es auch«, tröstet sie der Weihnachtsstern. »Die Kinder in Italien werden am Dreikönigstag, dem 6. Januar, beschenkt. Was sie sich wünschen, schreiben sie in einem Brief, den sie an das Bambinello schicken.«

»An was für ein Bimbam?«

»Es heißt Bambinello«, sagt der Weihnachtsstern, verschränkt seine Zacken über seiner Sternenbrust und macht es sich auf einer Wolke bequem, denn die Sache mit dem Bambinello muss er ausführlich erklären. Und wenn einer etwas ausführlich erklärt, dann braucht er dazu ein bisschen Zeit.

»Also«, beginnt der Weihnachtsstern, »in der italienischen Sprache heißt Kind Bambino. Deshalb heißt das Jesuskind Bambinello.«

»Und der kümmert sich um alle Wünsche?«

»Sicher, denn Jesus interessiert sich für alle. Jeder ist ihm wichtig.«

»Und welche Adresse schreiben die Kinder auf ihren Wunschbrief?«

»Santa-Maria-Aracoeli-Kirche, Kapitol, Rom.«

»Wohnt da denn Jesus?«

»Nun unterbrich mich doch nicht dauernd«, schimpft der Weihnachtsstern, »sondern lass mich mal der Reihe nach erzählen. Natürlich wohnt Jesus nicht dort. Er wohnt da, wo die Menschen sich lieb haben und freundlich zueinander sind. Und das kann überall auf der Welt sein.«

»Und warum...«, flüstert der kleine Stern Elli, denn sie wagt es fast nicht, noch einmal den Weihnachtsstern zu unterbrechen. Dabei ist sie doch so neugierig. Zum Glück fährt der Weihnachtsstern schon von alleine fort: »Es gibt eine Geschichte darüber. In Rom soll zu der Zeit, als der Kaiser Augustus Herrscher über das Römische Reich war, eine Frau gelebt haben. Ihr Name war Sybille und sie soll dem Kaiser die Geburt Jesu angekündigt haben.«

Als Elli das hört, kann sie sich nicht zurückhalten.

»So, wie du es den drei weisen Männern aus dem Morgenland angekündigt hast, nicht wahr?« platzt sie dazwischen.

Der Weihnachtsstern ist so verwundert, dass er sogar das Schimpfen vergisst.

»Nanu?« staunt er, »ich denke, du hast geschlafen, als ich den anderen Sternen davon erzählte.«

»Ach, dann muss ich das wohl geträumt haben«, überlegt Elli, »jedenfalls weiß ich, dass Gott dich zu drei klugen Männern geschickt hat, um ihnen die Geburt Jesu anzukündigen. Und diese Weisen hast du dann durch die Wüste bis zu dem Stall geführt, in dem Jesus zur Welt kam.«

Der Weihnachtsstern ist sprachlos. Elli reckt und streckt ein bisschen ihre Zacken, denn sie freut sich, dass sie endlich auch einmal etwas weiß. Aber alles weiß sie eben doch nicht. Deswegen soll der Weihnachtsstern bloß nicht sprachlos bleiben. Elli möchte nämlich gern erfahren, wie es nun mit Sybille weiterging.

»Gar nichts weiter«, sagt der Weihnachtsstern, »die Römer haben nur an der Stelle, wo sie von Jesu Geburt erzählt hat, eine Grotte gebaut, die so aussieht wie die, in der Jesus geboren wurde.«

Der Weihnachtsstern ist wohl immer noch ganz verdattert. Deshalb hat er wahrscheinlich auch Grotte anstatt Krippe oder Stall gesagt. Nein, Grotte war schon richtig, denn der Stall damals in Bethlehem war tatsächlich eine Felsenhöhle. Vorne wurde noch mit Steinen und Holz angebaut. So konnte man den Höhleneingang mit einem Tor verschließen, damit keine wilden Tiere eindringen konnten. Und so eine Grotte bildeten die Römer also nach, mit Krippe und Maria und Josef und allem drum und dran. Und obendrüber bauten sie noch eine Kirche, nämlich die Santa-Maria-Aracoeli-Kirche, und zwar ungefähr 1250 Jahre nachdem Jesus geboren worden war.

»Und nun bringt Sybille den Kindern die Geschenke?«, vermutet Elli.

»Nein, das erledigt eine andere Frau. Ihr Name ist Befane«, entgegnet der Weihnachtsstern.

»Wer ist das nun wieder?«

Elli ist schon ganz durcheinander. Vor lauter Verwirrung vergisst sie fast ihren Reise-Sternenstrahl. Doch wenn ein Stern nicht an seinen Sternenstrahl denkt, dann wird der blass und immer blasser und hört schließlich ganz auf zu leuchten. Und wenn er nicht leuchtet, dann reist er auch nicht mehr durch das Weltall und schon gar nicht auf die Erde. Macht aber nichts, denn jetzt möchte Elli erst mal die Geschichte der Befane hören. Und die geht so:

Befane heißt Befane, weil sie in der Nacht vom 5. auf den 6. Januar, dem Epiphaniastag, zu den Kindern kommt. Epiphania ist ein griechisches Wort und bedeutet Erscheinen. Und das muss wohl auch stimmen, denn an diesem Tag erscheint ja die Befane. Man sagt, sie gelange durch die Schornsteine in die Wohnungen der Menschen, um den artigen Kindern Schuhe und Strümpfe mit Geschenken zu füllen. Die nicht so braven Kinder bekommen kleine Kohlestückchen.

»Falsch«, würde Cosimo jetzt dazwischenrufen, wenn er von Elli und dem Weihnachtsstern wüsste. »Sie bekommen Süßigkeiten, die so in Papier eingewickelt sind, dass sie aussehen wie Kohle.«

Und er muss es schließlich wissen, denn er hat auch schon Kohle-Süßigkeiten in seinem Strumpf gefunden. So ist das also.

»Und warum macht das die Befane?«, würde Elli ihn fragen. Aber das braucht sie nicht, denn der Weihnachtsstern weiß auch das.

»Die Befane soll genauso wie die drei weisen Männer aus dem Morgenland von der Geburt Jesu erfahren haben. Die Weisen sind sofort aufgebrochen«, erzählt der Weihnachtsstern.

»...und dir gefolgt«, fällt Elli ein.

»Ja, aber die Befane hat ein bisschen geschlafen, so wie gewisse Sterne es manchmal tun. Und da hat sie mich leider verpasst. Seitdem sucht sie das Jesuskind. Sie schaut in allen Häusern nach ihm und bringt ganz nebenbei den Kindern Geschenke. Am 5. Januar rufen sie nach ihr. Das tun sie, indem sie von Haus zu Haus ziehen und Befane-Lieder singen. Ein Lied handelt von einem Kind, das zum Himmel zeigt, weil es meint, dort oben die Befane fliegen zu sehen. Aber vielleicht hat es auch nur einen besonders schönen Stern entdeckt.«

Der Weihnachtsstern zwinkert dem kleinen Stern verschmitzt zu.

»Und vielleicht heißt dieses Kind Cosimo und futtert gerade ein riesiges Stück Panettone...«

»Ach, der Cosimo«, ruft Elli erschrocken, »den habe ich nun ganz vergessen. Dabei wollte ich doch dabei sein, wenn er zusammen mit seiner Mama und seinen Cousins und Cousinen und seiner Oma und seiner Tante und seinem Onkel und ... na, eben mit seiner ganzen Verwandtschaft nachschaut, was sein Papa und sein Opa im Weihnachtszimmer aufgebaut haben. Ich würde auch gerne wissen, was das ist.«

»Kannst du es dir nicht denken?«, lacht der Weihnachtsstern.

Da schlägt Elli sich mit einer Zacke gegen ihre Sternenstirn. Sie macht das natürlich mit einer stumpfen Zacke, damit sie sich nicht verletzt.

»Klar«, nickt sie, »bestimmt haben sie eine supertolle Presepio aufgebaut.«

Elli ist mächtig stolz, dass sie das schwere Wort nicht vergessen hat und dass sie es sogar richtig aussprechen kann. Doch es genügt nicht immer zu wissen, wie etwas heißt. Viel besser ist es manchmal, es sich auch anzusehen. Darum quengelt der kleine Stern nun: »Bitte, Weihnachtsstern, lass uns nachschauen.«

Ruckzuck knipst sie ihren Reise-Sternenstrahl an und schneller, als ein Augenblick dauert, landet sie in Cosimos schuhcremeschwarzen Locken. Cosimo und seine Familie sind längst aus der Kirche zurück und sie haben auch schon alles gegessen, was Mama, Oma und Tante gebacken, gekocht und gebraten haben. Jetzt zappeln die Kinder ungeduldig vor der Tür des Weihnachtszimmers. Doch endlich drückt Cosimos Papa die Klinke herunter. Und da steht sie, die Presepio. Es ist bestimmt die schönste, die Elli an diesem Abend gesehen hat. Und besonders gefällt ihr eine Figur in einer feinen schwarzen Hose und einem blütenweißen Hemd mit Locken so schwarz wie Schuhcreme. Aber das ist doch...

Cosimo strahlt wie ein Stern. Er ist so aufgeregt, dass seine Hand richtig zittert, als er nun nach der neuen Figur greift und sie vorsichtig dicht neben die Krippe schiebt, in der das Bambinello liegt. Und auf einmal ahnt Elli, warum die Menschen in Italien sich selber in die Krippenlandschaften einbauen, bestimmt, weil sie ganz nah bei Jesus sein wollen.

 *Schneide deine eigene Krippenlandschaft mit Häusern und Bäumen und allen Krippenfiguren aus Papier aus. Lass unten an den Figuren einen Papierstreifen stehen, den du nach dem Ausschneiden umknickst und auf eine feste Pappe aufklebst. Hübsch sieht es aus, wenn du nur weißes Papier benutzt. Schneide aus den Häusern Fenster und Türen aus und stelle kleine Teelichter dahinter. Stelle dein Presepio auf eine Fensterbank und zünde die Teelichter an, wenn es dunkel wird. Dann sieht es nämlich besonders schön aus.*

Holland

Antje, Jan und das Friedensgedicht

Der kleine Stern Elli würde am liebsten einen Purzelbaum schlagen vor lauter Begeisterung darüber, wie die Menschen auf dem schönen blauen Planeten, den sie Erde nennen, Weihnachten feiern. Sie tun das ganz unterschiedlich. Aber immer ging es bisher dabei um Gott und um seinen Sohn Jesus, der auf die Welt gekommen ist. Und das ist das Allerbeste.

»Zappel nicht so herum«, ermahnt ihn der Weihnachtsstern, »sonst plumpst du noch aus deinem Sternbild heraus und das könnte Ärger geben.«

Stimmt, denkt Elli und schielt ängstlich zu dem strengen Stern Riegel herunter, der in seinem Sternbild, das aussieht wie ein Jäger, den Jägerfuß darstellt. Aber der Stern Riegel schwebt wie angenagelt an seinem Platz und tut genau das, was er tun soll: Er leuchtet.

»Und das solltest du auch, denn dazu bist du da«, meint der Weihnachtsstern.

Stimmt, denkt Elli noch einmal und würde am liebsten tief durchatmen. Doch das geht nicht, denn im Weltall gibt es ja keine Luft. Also seufzt sie kräftig, einmal vor Freude und einmal vor Erleichterung. Denn sie ist sehr froh, dass es etwas gibt, wozu sie da ist. Wenn einer nämlich eine Aufgabe hat, dann ist er bestimmt auch wichtig. Jedenfalls für Gott, und mehr braucht niemand, jedenfalls nicht, wenn man ein Stern ist.

»Außerdem«, fährt der Weihnachtsstern fort, »muss ein Stern leuchten, wenn er verreisen will. Also, knips mal deinen Reisestrahl an. Oder hast du schon genug von Weihnachten bei den Menschen?«

»Nein«, ruft Elli.

Da verzieht der Stern Riegel doch missbilligend ein paar Sternenspitzen. Deshalb flüstert Elli ganz leise, dass sie mindestens noch tausendmal zu den Menschen möchte. Denn eigentlich weiß sie ja erst ein klitzekleines bisschen über sie.

»Stimmt«, sagt diesmal der Weihnachtsstern. Und seufzen tut er auch. Aber er tut das, weil er bekümmert ist. Das erkennt Elli daran, dass er auf einmal seine Zacken herunterhängen lässt. So ist das also: Zwei Sterne tun genau das Gleiche, Seufzen zum Beispiel, aber sie meinen trotzdem nicht dasselbe. Ob das bei den Menschen auch so ist?

Der Weihnachtsstern kann wohl Gedanken lesen, denn er sagt: »In vielen Ländern der Welt feiern die Menschen Weihnachten. Aber denk bloß nicht, dass es dabei immer zuerst um Jesus geht.«

»Nicht?« Elli ist bestürzt.

»Vielleicht wissen sie nicht, dass Jesus geboren wurde«, verteidigt sie die Menschen. »Am besten wäre es, Gott würde ihnen einen Engelboten schicken, der ihnen davon erzählt.«

»Etwa so wie damals den Engel Gabriel?«

Der Weihnachtsstern hebt seine Zacken und schlägt sie aneinander, bis winzigkleine Sternenfünkchen nach allen Seiten ins Weltall spritzen.

»Gabriel selber hat mir davon erzählt, wie Gott ihn zu den Hirten schickte. Mitten in der Nacht tauchte er plötzlich auf dem Feld zwischen all den Schafen auf. Bestimmt funkelte er wie ein Feuerregen, so wie es Engel nun einmal tun. Fürchtet euch nicht, denn heute ist der Heiland geboren, sagte er zu den Hirten. Trotzdem haben sie sich erschreckt. Die Menschen kennen sich eben nicht besonders gut mit uns Himmelswesen aus. Vielleicht schickt Gott ihnen deshalb keine Engel mehr.«

»Dann einen Stern? Vielleicht so einen wie dich?«, versucht Elli es noch einmal. Denn sie findet es schade, dass es irgendwo auf der Welt Menschen gibt, die nicht wissen, wofür Weihnachten da ist.

»Du meinst, so wie vor 2000 Jahren, als ich den drei Weisen aus dem Morgenland Bescheid gegeben habe?«, fragt der Weihnachtsstern.

Elli nickt. Doch der Weihnachtsstern bleibt trotzdem bekümmert.

»In jeder Nacht leuchten wir Sterne. Trotzdem glauben längst nicht alle Menschen an Gott. Manche schauen ja nicht einmal hinauf. Doch dort … was sehe ich denn da?«

Plötzlich muss der Weihnachtsstern doch lächeln.

»Gerade landet mein Reisestrahl bei einem Mädchen in Holland«, sagt er, »und die scheint Gott zu kennen, denn sie tut etwas, das Gott sehr gefällt.«

Das Mädchen heißt Antje. Sie hat ein paar Sommersprossen auf der Nase und zwei lustige blonde Zöpfe. Die sind zwar ziemlich zerzusselt, bestimmt, weil sie gerade aus ihrem Bett geklettert ist. Aber strubbelige Haare sind bestimmt so etwas ähnliches wie knitterige Sternenzacken. Kein Wunder also, dass Elli das Mädchen Antje kennen lernen möchte.

Aber vor lauter Traurigsein schickt sie ihren Sternenreisestrahl zwar in das richtige Land, aber leider in die falsche Zeit. So etwas kommt vor, wenn ein Stern nicht richtig aufpasst oder wenn er es besonders eilig hat. Sternenstrahlen sind nämlich so schnell, dass sie sich selber überholen können. Und dann landen sie plötzlich in einer Zeit, die eigentlich schon vorüber ist. Und genau das ist gerade dem kleinen Stern passiert. Nun scheint nur der Weihnachtsstern am 24. Dezember bei Antje ins Kinderzimmer. Der 24. Dezember ist in Holland ein ganz normaler Tag, an dem die Kinder nicht einmal schulfrei bekommen. Aber jetzt ist Abend. Doch anstatt in ihrem Bett zu liegen, das gleich neben dem von ihrem Bruder Jan steht, ist Antje zum Fenster geschlichen und schaut zum Sternenhimmel hinauf. Schade, dass Elli das nicht sieht. Die ist nämlich mitten in den 21. November gereist und das auch noch am hellen Tag. Da hat sie sich aber ordentlich verlaufen. Gut, dass sie wenigstens sofort Antje entdeckt. Die hat sie nämlich an ihren lustigen Zöpfen und den Sommersprossen erkannt, obwohl sie zwischen lauter fröhlich lärmenden Leuten steckt. Und wo marschieren die hin? Zum Hafen. Und was wollen sie dort? Sie wollen Sintaklaas begrüßen. Und wer ist das?

Wäre der Weihnachtsstern da, dann könnte Elli ihn fragen. Ohne ihn fühlt sie sich ein bisschen unsicher. Aber neugierig ist sie auch. Und deshalb nimmt sie ihren ganzen Sternenmut zusammen und reißt ihre Sternenaugen so weit auf wie ein Himmelstor. Und da sieht sie ihn plötzlich auf dem Deck eines riesigen Schiffes, das gerade in den Hafen einläuft. Sintaklaas trägt einen roten Bischofsmantel, weiße Handschuhe und an seinem Finger einen blitzenden Bischofsring. Er sitzt auf einem Schimmel und neben ihm steht ein schwarzer Mann.

»Da, der Zwarte Pitt«, tuscheln die Kinder und drängen sich ängstlich aneinander. Antjes Bruder Jan versucht, seine Hand in ihre zu schieben. Aber Antje stößt ihn von sich. Das ist aber gar nicht nett von ihr, findet Elli. Und das, was sie nun sagt, auch nicht.

»Du bist auch doof«, blafft der Junge zurück und streckt Antje sogar seine Zunge heraus. Doch Antje achtet gar nicht auf ihn. Sie drängelt sich schon zwischen den anderen Kindern hindurch, denn sie möchte doch sehen, wie Sintaklaas vom Schiff herunterreitet. Und dann folgt sie ihm zusammen mit vielen hundert Leuten und sogar mit einer Polizei-Eskorte und einer Kapelle einmal quer durch die Stadt, naja, nicht ganz, aber Elli kommt es so vor. Sie ist nämlich traurig, weil Antje und Jan sich streiten. Und wenn einer traurig ist, dann kommt ihm alles ziemlich lang vor, selbst so ein fröhlicher Marsch. Und wenn einer auch noch Schläge angedroht bekommt ... Ob der Zwarte Pitt wirklich Kinder verhaut? Und vielleicht sogar kleine Sterne?

Ach, wenn Elli bloß nicht so neugierig wäre, dann würde sie ganz schnell zurück in den Himmel reisen. Macht sie aber nicht. Stattdessen bleibt Elli ganze vierzehn Menschentage in Holland, nämlich bis zum 5. Dezember. Und in dieser ganzen Zeit sieht sie nicht ein einziges Mal, dass ein Kind verhauen wird, weder vom Zwarte Pitt, noch von sonst jemandem. Ganz im Gegenteil. Die Kinder werden beschenkt und zwar jeden Tag ein bisschen. Jeden Abend stellen sie ihre Schuhe vor den Kamin. Und am Morgen, wenn sie in ihre Schuhe schlüpfen wollen, finden sie darin kleine Geschenke und Schokoladennikoläuse.

»Das war Sintaklaas«, flüstert Jan jedesmal ehrfurchtsvoll.

»Hoffentlich fliegt er nun jede Nacht auf seinem Pferd über unseren Schornstein und wirft noch etwas durch den Kamin zu uns herunter.«

»Dann stell ihm Wasser für sein Schimmelchen hin«, schlägt seine Mama vor.

»Hast du nicht auch noch eine Mohrrübe?«, bettelt Jan, denn er weiß, dass Pferde gerne Mohrrüben knabbern. Seine Mutter gibt ihm auch eine. Und tatsächlich stecken an jedem Morgen neue kleine Überraschungen in seinem Schuh. Am 4. Dezember entdeckt Jan sogar ein Lebkuchenmännchen, das in seiner Lebkuchenhand einen Zettel hält. Und auf dem Zettel steht ein Gedicht: »Jan, der kleine, freche Bengel, ist ganz selten nur ein Engel. Ach, er sollte sich was schämen und sich dies zu Herzen nehmen: Ärger deine Schwester nitt, denn sonst kommt der Zwarte Pitt.«

So, und dieser Zettel soll also vom Sintaklaas stammen? Elli hat da einen ganz anderen Verdacht und Jan wahrscheinlich auch, denn plötzlich verschwindet er in seinem Kinderzimmer, klatscht ein Blatt Papier auf seinen Schreibtisch und beugt sich darüber. Was er wohl tut? Aber Jan verrät nichts, schon gar nicht dem kleinen Stern. Er weiß ja nicht einmal, dass ihm einer über die Schulter blinzelt.

Und dann ist endlich der 5. Dezember da. Ganz früh am Morgen, bevor Antje und Jan zur Schule laufen, legen sie einen großen Sack vor die Haustür. Der Sack muss wirklich groß sein, denn heute verteilt Sintaklaas das letzte Mal seine Geschenke, bevor er, sein Schimmel und der Zwarte Pitt wieder mit dem Schiff über das Meer davonsegeln. Antje kann es kaum bis zum Abend abwarten. Dann dürfen sie nämlich in den Sack hineinschauen. Sie ist sehr gespannt, was sie darin finden wird. Auf jeden Fall wird es Spekulaas geben und natürlich die Buchstaben aus Schokolade. Jeder bekommt den Anfangsbuchstaben seines eigenen Namens. Antje also ein großes A, Jan ein großes J ... ach Jan ... schade, dass sie sich so oft streiten. Aber das tun wohl alle Geschwister, oder? Na, egal, jetzt wird es jedenfalls Zeit für die Schule. Mama drängelt schon, sie soll mal schnell in ihre Schuhe schlüpfen. Nanu, da liegt ja noch ein Zettelchen drin, nein, sogar zwei. Wer hat die wohl dort hineingelegt? Und was steht darauf? Vorsichtig faltet Antje den ersten auseinander.

»Wenn du ein bisschen netter wärst, würde ich mich viel mehr über dich freuen. Herzliche Grüße, dein Sintaklaas«, liest Antje.

»Na sowas«, ruft sie. Sintaklaas schreibt eigentlich immer die Wahrheit. Meint er denn, sie ist nicht nett?

»Also, so wie du dich am Hafen benommen hast ...«, möchte der kleine Stern dazwischen piepsen. Aber da knickt Antje schon den zweiten Zettel auseinander.

»Liebe Antje«, liest sie, »der Zwarte Pitt lässt dir dies sagen: Du sollst nicht immerfort nur klagen, dass du noch einen Bruder hast. Er ist ja nicht nur immer Last. Zusammen mit ihm spielen gehen, das ist doch manchmal auch ganz schön.«

Da hat er eigentlich recht, der Zwarte Pitt. Oder stammt der Zettel vielleicht gar nicht von ihm? Antjes Mutter zwinkert geheimnisvoll. Aber vielleicht hat sich auch nur ein Sonnenstrahl in ihre Augen verirrt. Falsch, denkt Elli, es ist kein Sonnenstrahl, sondern ein Sternenstrahl. Nur dass er sich verirrt hat, damit hat Antje recht. Es wird höchste Zeit, dass ihr Sternenstrahl wieder zurück zum 24. Dezember findet. Also, zackig am Strahl drehen und fest an den 24. denken. Schwups, plumpst Elli neben den Weihnachtsstern.

»Wo bist du denn gewesen«, fragt der erstaunt.

Elli ist so aufgeregt, dass sie auf einmal ganz vergisst, dass sie eigentlich ein kleiner schüchterner Stern ist.

»Ich habe Sintaklaas gesehen«, plappert sie drauflos, »trotzdem weiß ich nicht, wer er ist. Ich glaube, er muss ein Bischof sein, weil er … Aber warum kommt er eigentlich mit einem Schiff?«

»Nicht alles auf einmal«, lächelt der Weihnachtsstern.

»Zu jeder deiner Fragen gibt es eine Geschichte. Also hör zu: Erstens: Sintaklaas heißt in anderen Ländern Nikolaus. Wahrscheinlich war er tatsächlich ein Bischof. Jedenfalls lebte er etwa 300 Jahre nach Jesu Geburt in der Hafenstadt Myra in der Türkei. Einmal brach dort eine schlimme Hungersnot aus. Es legte zwar ein Schiff voller Getreide im Hafen von Myra an. Das gehörte einem reichen Kaufmann. Doch der wollte sein Getreide nur gegen teure Bezahlung herausrücken. Nikolaus bat den Kaufmann, den hungernden Menschen das Getreide zu geben. Es würde bestimmt bezahlt werden. Und tatsächlich: Da, wo vorher das Getreide gelegen hatte, blinkerte plötzlich wie durch ein Wunder lauter Gold.

Noch ein Wunder erzählen sich die Holländer vom Nikolaus. Und das betrifft deine zweite Frage. Sintaklaas kommt mit einem Schiff, weil er nicht nur ein Geschenkebringer, sondern außerdem ein Seenotretter ist. Man erzählt sich, dass einmal ein Schiff in einen großen Sturm geriet. Als der Wind am schlimmsten tobte und die Seeleute ins Meer schleudern wollte, da kam der Heilige Nikolaus über die Wellen zu ihnen und rettete sie.«

»So eine ähnliche Geschichte kenne ich«, platzt der kleine Stern Elli dazwischen, »genauso hat Jesus, als er schon erwachsen war, seinen Freunden geholfen. Die wurden auch von einem Sturm überrascht, mitten auf dem See Genezareth. Jesus war zwar mit im Boot, aber er schlief. Da glaubten seine Jünger, Jesus würde sie im Stich lassen. Hat er aber nicht. Als sie nach ihm riefen, stand er auf und befahl dem

Sturm, still zu sein. Und der Sturm gehorchte ihm. So eine große Macht hat Jesus.«

»Stimmt«, nickt der Weihnachtsstern, »und deshalb ist es gut, Jesus zu vertrauen und das zu tun, was er möchte.«

»Und woher sollen die Menschen wissen, was Jesus möchte?«

»Von Gabriel natürlich. Der hat es ihnen doch an Weihnachten klipp und klar erklärt. Weißt du das denn nicht mehr?«

Elli tippt nachdenklich an ihre Sternenstirn.

»Doch«, erinnert sie sich, »Fürchtet euch nicht, denn ich verkündige euch große Freude: Euch ist heute der Heiland geboren…«

»Ja, das ist das Erste, was Jesus von den Menschen möchte, nämlich, dass sie sich darüber freuen, dass er bei ihnen ist. Aber es geht ja noch weiter. Die Engel haben es damals in der ersten Weihnachtsnacht gesungen. Und wenn du ganz still bist, dann kannst du es auch jetzt hören.«

Natürlich spitzt Elli sofort ihre Sternenohren. Tatsächlich: Überall im Himmel jubeln die Engel: »Ehre sei Gott in der Höhe und Friede auf Erden den Menschen, die ihm wohlgefallen.«

»Also: Gott ehren und Frieden halten«, überlegt Elli. Ach, du lieber Sternenschreck … Elli runzelt eine Sternenzacke. Da redet sie mit dem Weihnachtsstern im Himmel über die schönste Weihnachtsnachricht und unten auf der Erde, da denken die Menschen gar nicht an Gott, sondern zanken miteinander.

»Gott sei Dank nicht alle«, lacht der Weihnachtsstern, »komm, lass uns mal nachschauen, was Antje und Jan gerade machen.«

Ach, die sind auch nicht besonders nett miteinander, denkt Elli.

Trotzdem folgt sie dem Weihnachtsstern und zusammen schimmern ihre Sternenreisestrahlen in das Kinderzimmer von Antje und Jan.

Jan liegt mit geschlossenen Augen in seinem Bett. Vielleicht schläft er schon. Antje schläft noch nicht. Sie steht in ihrem langen Nachthemd am Fenster und blickt in den Sternenhimmel hinauf.

»Ob sie uns wohl sieht?«, flüstert der kleine Stern Elli, »oder vielleicht hört? Wie schön wäre es, wenn sie genauso wie wir die Engel singen hören würde. Ob ich ihr mal zuwinken soll?«

»Untersteh dich«, mischt sich auf einmal von unten der Stern Riegel ein. »Wenn doch jeder das tun würde, wozu Gott ihn bestimmt hat ...«

Der Weihnachtsstern lacht.

»Wie im Himmel so auf Erden. Außerdem«, schmunzelt er und blinzelt geheimnisvoll ins Weltall, »außerdem glaube ich, dass Antje die Weihnachtsnachricht kennt. Jedenfalls, Elli, als du vorhin im 21. November verschwunden bist, habe ich beobachtet, wie sie und ihre ganze Familie zu einem Weihnachtsgottesdienst gegangen sind.«

»Und wahrscheinlich ist ihr da der Weihnachtsengel begegnet«, brummt der Stern Riegel, der nicht viel Ahnung davon hat, wie es auf der Erde zugeht. Aber vielleicht hat er ja diesmal Recht. Elli kann jedenfalls mit eigenen Sternenaugen sehen, wie Antje sich plötzlich vom Fenster wegdreht.

»Jan«, flüstert sie, »schläfst du schon?«

»Tief und fest«, murmelt es unter Jans Bettdecke hervor.

»Schade. Ich wollte dir nämlich nur sagen ... also, es tut mir Leid ..., dass ich überhaupt nicht nett zu dir war in letzter Zeit...«

»Wenn das so ist«, kichert Jan, »dann wache ich noch mal schnell auf.«

Und genau das tut er auch. Das gibt noch ein Kichern und Flüstern bis spät in die Nacht. Den Eltern gefällt es überhaupt nicht, dass ihre Kinder heute nicht einschlafen wollen. Doch Gott freut es bestimmt, dass sie Frieden geschlossen haben. Elli weiß ja noch nicht viel, aber das weiß sie genau.

Denk dir auch kleine Gedichte für Mama, Papa und deine Geschwister aus und versteck sie in ihren Schuhen. Aber vergiss nicht, der Inhalt der Gedichte muss wahr sein. Am schönsten ist es natürlich, wenn dir »nette Wahrheiten« einfallen.

Afrika / Burkina Faso

Naso und der Weihnachtspalast

»Frieden auf Erden...«, ruft der kleine Stern Bellatrix und hopst aufgeregt von einer Wolke auf die andere.

»Bellatrix«, knurrt der Stern Riegel streng. Da bleibt der kleine Stern so plötzlich in seinem Sternbild stehen, dass der Weihnachtsstern lachen muss.

»Du brauchst gar nicht lachen«, schmollt der kleine Stern, »denn wo Frieden ist, da freut man sich. Und wo man sich freut, da möchte man am liebsten einmal quer durch den Himmel springen. Die Engel jedenfalls machen das so. Aber ich... ich...«

»Sei nicht traurig«, flüstert da plötzlich ein kleines Engelsstimmchen direkt hinter dem Stern Bellatrix.

»Hallo, Uli«, freut sich der Weihnachtsstern, »darf ich bekannt machen, das ist mein Freund, der kleine Engel Uli.«

Elli streckt Uli sofort eine Sternenzacke entgegen. So begrüßen sich nämlich die Sterne untereinander. Und Uli schlägt auch gleich ein, obwohl er kein Stern, sondern ein Engel ist. Aber im Himmel machen Unterschiede überhaupt nichts aus. Deshalb geht es dort auch so friedlich zu.

»Nicht nur deshalb«, sagt der Weihnachtsstern, »zuerst einmal ist es bei uns so schön, weil Gott nah ist.«

»Aber seit Weihnachten ist er auch bei den Menschen«, ruft Uli. Er weiß das genau, denn schließlich ist er nicht nur mit dem Weihnachtsstern, sondern auch mit dem Engel Gabriel befreundet. Und der hat ihm alles genau erklärt.

»Und wo Gott wohnt, da ist Frieden«, fügt der Stern Elli hinzu.

»Aber nur dann, wenn die Menschen ihn auch bei sich wohnen lassen«, sagt der Weihnachtsstern.

»Schön dumm, wenn sie ihn nicht lassen...«, grinst Uli der Engel.

»Schön schade«, seufzt Elli der Stern.

»Selbst dran schuld«, brummt der Stern Riegel.

»Aber manche lassen ihn ja«, wirft der Weihnachtsstern dazwischen. Weil Gott die Menschen lieb hat, deswegen kann er doch nicht zulassen, dass irgendein Himmelswesen, weder Stern noch Engel, etwas Schlechtes über sie sagt. Deshalb erklärt er nun, dass die Menschen zumindest an Weihnachten an Gott denken.

»... und zwei Tage später vergessen sie ihn wieder...« schnauft der Stern Riegel, »jeder sollte das tun, wozu er da ist. Und die Menschen sind bestimmt nicht dazu da, um Gott zu vergessen.«

»Vergesslich sind sie tatsächlich«, weiß der Engel Uli.

Aber der Weihnachtsstern beruhigt ihn sofort.

»Manche Menschen denken sich einiges aus, um Weihnachten nicht zu vergessen. Wollt ihr wissen, was das ist?«

Natürlich wollen Elli und Uli. Nur der Stern Riegel wendet sich beleidigt ab.

»Nun gehen sie bestimmt wieder auf Weltreise«, stöhnt er.

Da zwinkert der Weihnachtsstern dem kleinen Stern Elli zu.

»Bisher war es erst eine Europareise. Los, Elli, knips deinen Reisestrahl an«, flüstert er, »und dann leuchten wir nach Afrika.«

»Und mir erzählt ihr hinterher alles, einverstanden?«, bittet Uli. Er kann leider nicht mit. Engel haben nämlich keinen Reisestrahl. Wenn Engel verreisen, dann träumen sie sich an den Ort, an den sie möchten. Aber heute wird nicht geträumt. Heute ist Weihnachten und da tanzen und singen die Engel im Himmel. Außerdem hat Uli noch eine Verabredung mit dem Dirigenten des Engelschors. Der will mit ihm noch einmal das dreifache Halleluja üben. Gut, dass Uli das nicht vergessen hat.

»Er ist ja auch kein Mensch«, knurrt der Stern Riegel.

Aber das hören Elli und der Weihnachtsstern schon nicht mehr. Ihre Strahlen sausen schon mitten auf den hübschen blauen Planeten Erde. Und sie landen tatsächlich in Afrika, zwar nicht gerade mittendrin, eher ein bisschen links, da, wo der Kontinent in den Atlantischen Ozean abknickt. Aber vom Meer sehen Elli und der Weihnachtsstern nichts, dafür sind sie viel zu weit weg von der Küste. Das Land, in dem ihre Reisestrahlen auftreffen, heißt Burkina Faso. Drumherum liegen die Länder Mali, Niger, Benin, Togo, Ghana, Guinea und Senegal. Aber das ist den beiden im Augenblick sternenschnuppe. Denn gerade entdecken sie ein Menschenkind. Es ist ein Junge. Er heißt Naso, hat dunkle Haut und noch dunklere Augen, die fröhlich in die untergehende Sonne blinzeln. Er weiß ja nicht, dass sich zwischen die Sonnenstrahlen zwei Sternenreisestrahlen geschmuggelt haben. Das Sternchen Elli findet das schade. Sie hätte nämlich gerne ein bisschen mit Naso gespielt oder ihn wenigstens gefragt, was er da macht.

»Er sitzt im Staub und wühlt im Dreck«, lacht der Weihnachtsstern. Das würde Elli auch gerne mal ausprobieren. Bestimmt macht das nämlich riesigen Spaß. Die Erde ist schön warm, weil die Sonne den ganzen Tag darauf geschienen hat. Die Luft flimmert noch vor Hitze, denn in diesem Teil der Welt ist es im Winter so heiß wie auf einem Sonnenstrahl. Deswegen sitzt der Junge im Schatten der Häuser. Es sind runde, rote Lehmhäuser, nur ein Stockwerk hoch, ohne Fenster, damit es drinnen schön kühl bleibt. Jedes Haus hat einen Hof mit einer Mauer drumherum. Und mitten im Hoftor, so dass man sich richtig daran vorbeiquetschen muss, steht noch ein Haus. Nein, kein Haus, es sieht eher aus wie ein Schloss mit Türmen und Torbögen und einer Menge kleiner Zimmer, in die man von oben hereinschauen kann. Was Elli in ihnen entdeckt, kommt ihr ziemlich bekannt vor. Da haben sich nämlich alle versammelt: Maria und Josef und ein Esel und die Heiligen Drei Könige und die Hirten.

»Die sind ja groß wie richtige, lebendige Menschen«, ruft sie.

Vor lauter Aufregung lässt der kleine Stern seinen Reisestrahl hin und her flitzen. Fast hätte er sich noch verknotet.

»Sie sind nur aus Ton«, beruhigt ihn der Weihnachtsstern. Doch mehr kann er Elli nicht erklären. Denn plötzlich kullert die Sonne hinter den Horizont. Das macht sie in diesem Teil der Welt so schnell wie ein Tennisball. Blitzschnell ist es Nacht. Gut, dass die Sterne leuchten. So können Elli und der Weinachtsstern immer noch den Jungen Naso sehen. Der wischt sich gerade den Schweiß von der Stirn und die wird auf einmal ganz rot.

»Huch, er hat sich lauter roten Lehm ins Gesicht geschmiert«, ruft Elli. Nachdenklich tippt sie sich an ihre Sternenstirn. Was macht Naso denn mit rotem Lehm? Oder ist es etwa Ton? Oder ist Lehm sogar dasselbe wie Ton? Auf jeden Fall hat Naso wohl nicht nur ein bisschen im Dreck gespielt. Er hat etwas aus Ton geformt, und zwar aus Ton, der so rot ist, wie der schöne Palast im Hoftor und wie Maria und Josef und alle anderen Figuren. Aber das würde ja bedeuten, dass er... Nein, das kann Elli fast nicht glauben. Aber dann sieht sie, wie Naso etwas Rotes vom Boden hebt. Es muß etwas sein, woran er eben noch gearbeitet hat. Was es wohl ist?

Langsam steht Naso auf. In seinem Arm hält er eine neue Figur.

»Sie sieht genauso aus wie mein neuer Freund...«, ruft Elli. Tatsächlich. Da staunt sogar der Weihnachtsstern. Behutsam stellt Naso die Figur zwischen die anderen, direkt neben Maria und Josef. Sie soll nämlich gut auf das Jesus-Kind aufpassen, das noch heute Nacht auf die Welt kommen soll. Naso freut sich, dass er rechtzeitig alle Figuren fertig bekommen hat. Wochenlang war er mit ihnen beschäftigt. Zuerst musste er sich genau überlegen, was alles zur Weihnachtsgeschichte gehört. Danach hat er den besten Platz für seinen Weihnachtspalast ausgesucht, nämlich das Hoftor. Und er hat ihn so groß gebaut, dass er schon von weitem zu sehen ist.

»So kann jeder, der vorüberkommt, sich gleich daran erinnern, dass Gott zu den Menschen kommt...«, möchte Elli rufen.

Aber da unterbricht sie ein fröhlicher Lärm. Sofort wendet Naso sich um und beinahe so schnell wie vorhin Ellis Sternenreisestrahl flitzt er vor das Hoftor.

»Yaaba«, ruft er. Das bedeutet in seiner Sprache soviel wie Großmutter. »Yaaba, bist du endlich zurück?«

Durch die Steppe marschiert eine große Gruppe Frauen auf das Dorf zu. Sie tragen Fackeln, einmal, um in der Dunkelheit den Weg zu finden, und dann auch, um die wilden Tiere zu vertreiben, die hier überall im Gebüsch lauern. Vorneweg marschiert die alte Yaaba. Sie ist so alt, dass ihr Gesicht genauso verknittert aussieht wie die verknittertste Zacke vom kleinen Stern Elli. Elli gefällt das richtig gut, auch, dass ihre Haare so weiß sind, dass sie fast wie Silber aussehen. Das erinnert Elli nämlich an die silbernen Engellocken von ihrem neuen Freund Uli. Was der jetzt wohl macht? Feiern bestimmt. Denn schließlich ist ja heute Weihnachten.

Aufmerksam beobachten Elli und der Weihnachtsstern die Frauen. Sie haben eine weite Wanderung hinter sich. Wo sie wohl gewesen sind?

»In der Stadt waren sie, um schöne Stoffe einzukaufen«, säuselt der Ostwind. Und der muss es wissen, denn er hat die Frauen den ganzen Tag begleitet.

»Daraus falten sie sich ihre neuen Weihnachtskleider.«

»Weihnachtskleider?« Elli vergisst beinahe Nasos neue Tonfigur.

»Wahrscheinlich meint er Festkleider«, überlegt der Weihnachtsstern, »denn Weihnachten ist ja ein Fest.«

»So ist es nicht«, pustet der Ostwind, »die meisten Menschen hier besitzen nämlich nur ein einziges Kleid. Sie tragen ihr Weihnachtskleid das ganze Jahr. Am nächsten Weihnachtsfest gibt es ein neues.«

»Wie praktisch«, freut sich der Weihnachtsstern, »so tragen sie Weihnachten gewissermaßen andauernd mit sich herum.«

»Ja«, fällt Elli ein, »und dann vergessen sie es bestimmt nicht.«

»Halleluja«, sagt der Weihnachtsstern dazu und das hört sich fast so an wie Engelsgesang. Oder war das vielleicht gar nicht der Weihnachtsstern? Nein, es waren die Frauen und Mädchen, die sich singend dem Dorf nähern.

In den Höfen haben Männer große Feuer angezündet. Über denen grillen, schmurgeln und brutzeln die leckersten Gerichte. Denn natürlich gehört auch in Burkina Faso zu Weihnachten ein riesiges Festessen. Normalerweise sind die Frauen für das Essen zuständig. Doch heute müssen die Männer und Jungen aufpassen, dass nichts anbrennt, denn kichernd und lachend, singend und schwatzend, krabbeln die Frauen nun in ihre Lehmhäuser. Der kleine Stern Elli möchte am liebsten durch eine der Türen hinterher leuchten.

»Ich wusste gar nicht, dass du so neugierig und ungeduldig bist«, lacht der Weihnachtsstern, »kannst du denn nicht mal ein Sternensekündchen auf eine Überraschung warten?«

Auch Naso ist ungeduldig. Ob er vielleicht heute eine Überraschung bekommt? Weil doch Weihnachten ist?

Aufgeregt quetscht er sich an seinem Weihnachtspalast vorbei, flitzt zwischen den Häusern herum, stupst die anderen Jungen freundschaftlich in den Rücken, rennt zu seinen Onkeln, seinem Opa und seinem Papa, der gerade ein Ziegenböckchen über dem Feuer dreht. Das Fett tropft in die Flammen, dass es zischt. Und es riecht so lecker, dass Naso das Wasser im Mund zusammenläuft.

»Du bekommst erst etwas, wenn die Frauen fertig sind«, ermahnt ihn sein Vater.

Ach, Naso wartet ja nicht nur auf den Braten. Weiß sein Vater das denn nicht? Jedenfalls kann er es kaum noch aushalten.

Aber zum Glück erscheinen jetzt die Mädchen, dann die Frauen und zum Schluss die alte Yaaba. Ganz neu und frisch sehen sie aus, denn sie haben sich ihre Weihnachtskleider angezogen. Und sie haben sich gegenseitig mindestens tausend kleine Zöpfchen geflochten, die bei der einen lustig nach allen Seiten abstehen, bei der anderen wie gemalte Linien am Kopf anliegen und bei der nächsten in wunderhübsche kunstvolle Kringel gelegt sind. Kein Wunder, dass es so lange gedauert hat.

»Sie kämmen sich so sorgfältig, weil ihre Frisur viele Monate halten soll«, weiß der Ostwind, der jetzt nur ganz sanft weht, damit die Feuerfunken hübsch dort bleiben, wo sie sind, und nicht auf die Hausdächer fliegen. Die Flammen brennen nämlich so lichterloh, als wäre der Weihnachtsengel Gabriel höchstpersönlich erschienen. Und in ihrem Schein strahlen die Frauen in ihren bunten Kleidern und ihren hübschen Frisuren wie Himmelswesen. Der kleine Stern Elli jedenfalls fühlt sich fast wie zu Hause. Am besten gefällt ihm Yaaba. Und genauso geht es wohl auch Naso, denn der rennt ihr sofort in die ausgebreiteten Arme.

»Ich habe eine Überraschung für dich«, strahlt er.

»Und ich für dich«, lächelt seine Großmutter. Und dann zieht sie aus den Falten ihres Ärmels ein Hemd, bunt und fröhlich wie ein Urwaldvogel. Naso schlüpft sofort hinein und es passt, wie für ihn geschneidert. Ist es auch. Yaaba hat, bevor sie mit den anderen Frauen in die Stadt gewandert ist, heimlich Maß genommen. Das Hemd wird Naso nun ein ganzes Jahr an seine Großmutter erinnern und daran, wie Gott zu den Menschen kam.

»Und nun wollen wir feiern«, sagt Yaaba, »die Mädchen haben schon mit Tanzen begonnen.«

Naso kribbelt es auch schon in den Beinen. Und er möchte am liebsten allen sein schönes neues Hemd zeigen. Doch anstatt sofort loszusausen, nimmt er seine Oma an die Hand und führt sie zum Hoftor.

»Ach, er zeigt ihr seine Tonfiguren«, pfeift der Wind und streicht einmal um die Türme des Weihnachtspalastes, »die kennt sie doch schon alle.«

»Stimmt nicht«, kichert Elli, denn eine der Figuren hat Yaaba noch nie gesehen. Die hat Naso nämlich erst heute fertiggestellt. Yaaba erkennt sie sofort.

»Ein Engel«, strahlt sie, »das hast du gut gemacht, Naso, genau der hat nämlich noch gefehlt.«

Yaaba freut sie so riesig, dass sie einen richtigen Hopser macht, was schon etwas Besonderes für eine Oma ist. Doch dieser Hopser erinnert Naso daran, dass die anderen schon längst um die Feuer tanzen. Da möchte er natürlich mitmachen. Schon saust er los. Yaaba spaziert lächelnd hinter ihm her.

»Schade, dass sie schon gehen«, findet das Sternchen Elli, »Naso hat sich so viel Mühe mit seinen Tonfiguren gemacht... und das nur für diesen winzigkleinen Augenblick?«

»Nein«, säuselt der Ostwind, »sie können sie jeden Tag sehen.«

»Du meinst ... auch nach Weihnachten?«

»Sicher«, raunt der Wind, »so lange, bis der Regen kommt und den Ton wegwäscht. Bis dahin dauert es noch viele Monate.«

Elli lacht erleichtert.

»Dann ist ja in Burkina Faso fast das ganze Jahr Weihnachten.«

»Wie im Himmel so auf Erden«, nickt der Weihnachtsstern, »denn Weihnachten ist da, wo die Menschen Gott nicht vergessen.«

»Halleluja«, singt es plötzlich durch die Nacht. Doch diesmal klingt das nicht nach Weihnachtsstern und auch nicht nach den Frauen aus Burkina Faso. Vielleicht waren es diesmal ja die Engel im Himmel.

 *In Burkina Faso ist es heiß wie im Hochsommer. Aber bei dir liegt vielleicht schon Schnee. Bau doch mal an Stelle eines Schneemanns einen Weihnachtspalast daraus. Du kannst aber auch, genauso wie Naso, einen Engel basteln, natürlich nicht aus Ton. Es geht auch so:*

Roll Tapete auf dem Fußboden aus, leg dich darauf und lass von jemandem deinen Körperumriss nachzeichnen. Schneide ihn aus, male ihn an und kleb Flügel aus Pappe an seine Schultern. Goldenes Geschenkband kannst du zu Löckchen kringeln und um das Gesicht kleben. Gardinenstoff ergibt ein hübsches Kleid. Bestimmt hast du noch mehr Ideen für deinen Engel.

Wenn er fertig ist, häng ihn an deine Kinderzimmertür.

Schweden

Silja und der Julbock

Im Himmel schmettert der Engelschor sein »Halleluja«, allen voran und am fröhlichsten der kleine Engel Uli. Das Sternchen Elli und der Weihnachtsstern schweben über der Himmelswiese vor dem Himmelslichtersaal und hören zu.

Halleluja ist ein Wort aus der Himmelssprache und bedeutet: Lobt Gott. Für die Himmelswesen ist das ganz selbstverständlich.

»Für manche Menschen auch«, flüstert der Weihnachtsstern. Er möchte den Engelsgesang auf keinen Fall stören.

»Jedenfalls an Weihnachten«, flüstert Elli zurück. Sie weiß schon einiges von den Menschen und davon, wie sie Weihnachten feiern. Sie haben das bestimmt schon immer getan, jedenfalls seit mindestens 2000 Jahren. Vor 2000 Jahren ist nämlich Jesus zu ihnen auf die Welt gekommen.

»Ganz so ist es nicht«, raunt der Weihnachtsstern, »bis vor wenigen hundert Jahren wurde in manchen Ländern nicht Gott gefeiert, sondern Kobolde und Geister. Daran erinnern noch die Namen, die die Menschen bis heute dem Weihnachtsfest geben. Im Koboldland zum Beispiel sagen sie zu Weihnachten Julfest. Jul ist ein uraltes Wort und es bedeutet Rad. Bevor die Menschen im Koboldland erfuhren, dass Jesus zu ihnen auf die Erde gekommen ist, haben sie Räder aus Stroh angezündet und sie die Berge hinuntergerollt. Sie glaubten, dadurch könnten sie die bösen Geister vertreiben, während die guten mit ihnen feierten. Ihre guten Götter hießen Odin und Freya. Ihnen zu Ehren wurde viel Julgrütze und Julschinken gegessen und noch mehr Julbier getrunken, zwölf Tage lang...«

»Da müssen sie aber mächtig Bauchweh bekommen haben«, überlegt der Stern Elli.

»Vielleicht nennen sie deshalb noch heute den Weihnachtsabend Vull-Buuks-Abend, was soviel bedeutet wie
Vollbauchabend. Aber das sagen sie nur im Spaß«, lächelt
der Weihnachtsstern, »sie sind überhaupt sehr fröhlich, besonders, wenn sie feiern.«

»Und wir Engel sind besonders musikalisch«, trällert Uli,
der Engel, »macht lieber mit, anstatt dauernd dazwischen zu
schwatzen.«

»Sei nicht so naseweis, kleiner Engel«, tadelt ihn der
Weihnachtsstern. Aber er ist nicht böse, denn Uli hat ja recht.
Es ist nicht nett, andere beim Singen zu stören. Aber weil
Sterne anders feiern als Engel, nämlich nicht, indem sie sin-
gen, sondern indem sie kräftig strahlen, deshalb hängt er
seine Laterne sofort eine Zacke höher und dreht sein Licht
heller und Elli macht es ihm nach. Dabei schießt wieder ihr
Sternenreisestrahl über den blauen Abendhimmel.

»Du hast wohl Lust zu verreisen?«, strahlt der Weihnachtsstern. Elli antwortet lieber nicht, denn sie möchte den
Engelsgesang nicht noch einmal unterbrechen. Aber sie nickt
so heftig, dass ihre Zacken auf und nieder hüpfen.

»Dann komm mit ins Koboldland«, fordert sie der Weihnachtsstern auf.

Elli möchte eigentlich viel lieber dahin, wo es an Weihnachten um Jesus geht. Doch schon stupst der Weihnachtsstern rasch an ihren Sternenreisestrahl. Und schneller als ein
Düsenflugzeug saust er mit ihr ins Koboldland.

Die Menschen sagen zu dem Land Schweden. Es liegt genau auf der anderen Seite von Europa, ziemlich weit oben im
Norden und kurz vor Lappland. Auf der einen Seite brausen
die Ostsee und das Bottnische Meer, auf der anderen Seite
wohnen die Norweger.

»Es gehört aber noch zu Europa«, erklärt der Weihnachtsstern. Elli ist das egal, denn sie ärgert sich. Sie ist sich nämlich jetzt schon sicher, dass ihr dieses Land nicht gefällt.

»Hier ist es kalt und viel zu duster«, beschwert sie sich.
Doch der Weihnachtsstern beschwichtigt sie: »In diesem

Teil der Welt ist es nur im Winter so dunkel. Da verreist die Sonne nämlich in den Süden. Aber im Sommer kommt sie wieder. Und dann gibt es hier die allerlängsten Sonnentage.«

»Aber jetzt ist Winter«, mault Elli.

»Das macht nichts«, schmunzelt der Weihnachtsstern, »denn im Winter wird es in Schweden erst so richtig gemütlich. Wenn es draußen kräftig schneit und so richtig bitzelig eisig wird, wenn die Kinder genug im Schnee getobt haben und ihre Nasen ganz rot gefroren sind, dann treffen sie sich in den Häusern, singen und spielen und lachen zusammen. Und im Winter feiern sie natürlich Weihnachten. Und da wird es licht und hell. Das ist nur logisch, denn wenn Gott bei den Menschen ist, dann kann es gar nicht dunkel bleiben. Die Schweden feiern sogar einen richtigen Lichtertag.«

»Aber du hast gesagt, hier feiern sie ihre Kobolde«, wendet Elli ein, »dabei glaube ich nicht einmal, dass es Kobolde gibt.«

»Vielleicht gibt es sie, vielleicht auch nicht«, flüstert der Weihnachtsstern geheimnisvoll. »Schau einfach selber.«

»Na gut«, gibt Elli nach, »wenn ich nun schon einmal da bin...«

Sie sind mitten in einem Dörfchen aus lauter gemütlichen, roten Backsteinhäusern gelandet. Und als Ellis Sternenreisestrahl vor einem der Häuser auf eine dicke weiße Schneedecke funkelt, da vergisst sie plötzlich ihren Ärger. Denn im Schnee balgen sich zwei Kinder. Und das sieht so lustig aus, dass Elli am liebsten genauso wie der Weihnachtsstern loslachen möchte. Sie weiß ja nicht, dass die Balgerei diesmal kein Spaß ist. Aber der Großvater der beiden Kinder hat das gleich erkannt.

»Lars, lass Silja in Ruhe«, ruft er den beiden Kindern zu, »hört auf zu streiten und kommt lieber ins Haus, denn gleich beginnt das Fest.«

Er stapft ein paar Schritte heraus in den Schnee. Aber was ist denn das? Der Großvater hat ja gar nichts an, und das bei dieser Kälte ... Aber ganz nackt ist er auch nicht. Er hat ein riesengroßes Badehandtuch um sich gewickelt. Nur unten schauen seine bloßen Füße heraus.

»Der muss aber frieren«, vermutet Elli.

»Nein, tut er nicht. Er war nämlich gerade in einer Sauna. Das ist ein kleines Zimmer aus Holz, das von einem Ofen so aufgeheizt wird, dass man wie verrückt zu schwitzen anfängt.«

»Und wozu ist das gut?«

»Das härtet ab und dann bleiben die Menschen gesund«, erklärt der Weihnachtsstern. Aber mehr kann er dazu auch nicht sagen, denn von Abhärtung haben Sterne keinen blassen Schimmer. Im Himmel wird nämlich niemals jemand krank. Aber in einem Land, in dem es so kalt ist, kann das schon mal passieren.

»Sie gehen oft in ihre Sauna, und am liebsten vor einem Fest«, sagt der Weihnachtsstern.

»Und die Kinder?«, fragt Elli.

»Die Kinder ...«, beginnt der Weihnachtsstern. Aber plötzlich flitzt der Junge an seinem Großvater vorbei ins Haus. Da muss Elli natürlich schnell hinterher. Sie möchte nämlich herausfinden, weshalb Lars so böse auf seine Schwester war.

»Gemeinheit«, hört das Sternchen Lars vor sich hingrummeln, »sie darf eine Luciabraut sein, nur, weil sie ein Mädchen ist. Und ich? Was darf ich sein?«

»Aha, er ist eifersüchtig«, erkennt Elli. Aber mehr versteht sie nicht. Was um alles im Himmel ist eine Luciabraut?

»Ihretwegen feiern die Schweden das Lichterfest«, erklärt der Weihnachtsstern, »der Name Lucia bedeutet nämlich glänzen oder leuchten.«

»Das ist ja gerade so, als wäre Lucia ein Stern«, freut sich Elli.

»Nein, Elli, Lucia war eine ganz normale Frau. Sie lebte vor etwa 1700 Jahren auf Sizilien, zusammen mit ihrer schwerkranken Mutter, die sie liebevoll pflegte. Lucia war verlobt mit einem hochangesehenen jungen Mann. Die beiden wollten heiraten, sobald die Mutter Lucia nicht mehr brauchen würde. Als die Mutter starb, hinterließ sie ihrer Tochter eine Menge Geld. Aber Lucia behielt nichts für sich, sondern verteilte alles an die Armen. Darüber wurde ihr Verlobter sehr zornig. Dabei hatte Lucia nur getan, was Gott gefällt. Doch ihr Verlobter wurde noch böser. Am Ende schleppte er sie sogar vor Gericht. Damals stand die Gegend um Sizilien unter Römischer Herrschaft. Und solche, die zu Gott gehörten, wurden von den Römern grausam verfolgt und mit dem Tod bestraft. Auch Lucia wurde hingerichtet. Aber bis zum Schluss vertraute sie Gott. Und ich glaube, als sie starb, da hat Gott sie fest in seine Arme genommen. Gott war ihr ganz nah. Und du weißt doch: Wo Gott ist, da wird es hell.«

»Das ist aber eine traurige Geschichte«, findet Elli.

»Einerseits ja und andererseits nein«, sagt der Weihnachtsstern, »denn natürlich ist es immer schön, wenn ein Mensch sich zu Gott hält. Lucia hat ein Beispiel gegeben. Und daran denken die Schweden jedes Jahr, vielleicht, weil sie verstanden haben, was Gott von ihnen möchte, nämlich dass sie nicht nur an sich denken, sondern sich umeinander kümmern. Jesus hat den Menschen gezeigt, wie das geht. Deshalb ist er auf die Welt gekommen und deshalb gibt es Weihnachten.«

»Dann ist Weihnachten in Schweden also doch kein Koboldfest«, sagt Elli, »hab' ich's mir doch gedacht. In Wirklichkeit gibt es nämlich gar keine Kobolde.«

Der Weihnachtsstern sagt nicht Ja und sagt nicht Nein. Er schmunzelt nur wieder so geheimnisvoll. Und als nun der Menschengroßvater hinter dem Menschenjungen ins Haus stapft, da schiebt er Elli ganz schnell durch den Türspalt hinterher.

Elli beobachtet, wie der Großvater seine Hand unter dem großen Badetuch hervorschiebt und sie liebevoll seinem Engel auf die Schulter legt.

»Warum bist du so böse?«, fragt er.

»Weil Silja eine Luciabraut sein durfte. Mama hat ihr das weißeste Luciakleid im ganzen Dorf genäht und ihr den schönsten Kranz aus Preiselbeerzweigen geflochten. Und am 13. Dezember durfte Silja sich die Kerzen auf den Kranz stecken. Ganz früh am Morgen ist sie mit ihrem leuchtenden Lichterkranz von Schlafzimmer zu Schlafzimmer marschiert und hat alle mit einem Lied aufgeweckt: Mama, Papa, mich und dich. Wenn ich morgens singe, dann schimpfen alle nur. Aber Silja durfte sogar das frische Safranbrot verteilen. Und das nur, weil sie ein Mädchen ist. Ich möchte aber auch gerne etwas dürfen.«

»Dann komm mal mit«, tröstet ihn der Großvater, »du darfst nämlich auch jemanden spielen.«

Der Großvater zieht sich schnell richtige Menschenkleider an. Dann steigt er mit Lars auf den Dachboden hinauf. Elli möchte gerne hinterher. Aber der Weihnachtsstern hält sie zurück.

»Kannst du nicht auf eine Überraschung warten?«, fragt er.

Ach so ist das, eine Überraschung soll es geben. Na gut, dann schaut Elli eben mal nach dem Mädchen Silja.

Silja ist inzwischen auch hereingekommen, hat sich den Schnee von der Pudelmütze geschüttelt und ist zu Vater und Mutter ins Weihnachtszimmer geschlüpft. Dort ist alles bereit für das große Fest. Die Mutter hat schon die große Familienbibel auf dem Schoß liegen. Als erstes wird sie nämlich daraus die Weihnachtsgeschichte vorlesen. Wenn bloß Lars und der Großvater kämen. Wo die nur so lange bleiben. Der Vater zündet schon mal die Kerzen am Weihnachtsbaum an. Alles strahlt und leuchtet wie tausend Sterne auf einmal. An den Fenstern hängen Strohsterne. Und neben dem Baum steht ein richtiger Mann aus Stroh.

»Was ist das denn für ein finsterer Bursche?« wundert sich Elli.

»Das ist einer der Kobolde, von denen ich dir erzählt habe. Die Schweden nennen ihn Julbock. Sie sagen, er habe Macht über Wind und Wetter, über Blitz und Donner. Doch zugleich beschützt er die Bauern und ihre Ernte. Er ist also gar nicht so finster, wie er aussieht.«

»Und er ist nicht lebendig«, schmollt Elli, »womit bewiesen wäre, dass es ihn in Wirklichkeit gar nicht gibt.«

»Wer weiß?« schmunzelt der Weihnachtsstern, »ich habe sogar vom Jultomte gehört.«

»Wer ist das denn nun wieder?«

»Auch ein netter Hausgeist. Ich glaube, er ist ganz ähnlich dem Weihnachtsmann. Wenn ihm die Menschen süßen Milchbrei vor die Haustür stellen, dann fliegt er vom Nordpol auf seinem Rentierschlitten herbei, mitsamt seinem großen Sack...«

Weiter kommt der Weihnachtsstern nicht, denn plötzlich klopft es kräftig an die Zimmertür. Erschrocken fahren Elli und auch das Menschenmädchen Silja zusammen.

»Nun klopft der Julbock die Weihnacht herbei«, flüstert der Weihnachtsstern.

»So gibt es ihn also doch?«, fragt Elli und drängt sich ängstlich zwischen die Zweige des Weihnachtsbaums. Hier fällt ihr Sternenreisestrahl nämlich am wenigsten auf, weil der ganze Baum vor lauter Lichterglanz sowieso schon so hell leuchtet wie ein paar Sterne auf einmal. Außerdem kann sie von hier oben alles ganz prima beobachten.

Silja ist vor lauter Ungeduld dauernd auf ihrem Stuhl hin und her gerutscht. Aber als sich jetzt die Tür öffnet, sitzt sie stocksteif da. Herein stapft nämlich Jultomte höchstpersönlich in rotem Mantel und Zipfelmütze und mit einem buschigen weißen Bart, der fast sein ganzes Gesicht verdeckt. Nur seine Augen blitzen fröhlich in die Runde. Und auf seinem Rücken trägt er den großen Sack. Der ist natürlich voller Geschenke. Ach, schade, dass Lars nicht dabei ist. So bekommt er leider nicht mit, wie plötzlich das Fenster aufschlägt und ein Bursche dick vermummt in Fellkleidern hereinschaut, ein fröhliches »God Jul« ruft und kleine Geschenkpäckchen ins Zimmer wirft. Da lacht der Jultomte und irgendwie hört sich das an wie das Lachen des Großvaters, findet Silja. Und als Lars endlich ins Weihnachtszimmer stürzt, da entdeckt sie an seinem Pullover ein paar Haare wie von einem Fell. Wo er die wohl her hat?

»Egal«, lacht die Mutter, »Hauptsache, wir können anfangen.«

Und dann liest sie die Weihnachtsgeschichte, von Anfang bis zum Ende. Danach singen und spielen sie und zum Schluss fassen sich alle an den Händen und tanzen um den Weihnachtsbaum herum. Dabei singen sie ein Lied und das geht so:

Weihnachten wollen wir feiern,
wollen unsere Freude zeigen,
kommt nur, wir tanzen alle
einen weihnachtlichen Reigen.
Rund um den Christbaum geht es,
der steht strahlend in der Mitte,
würd' sicher auch ganz gerne mal
mit uns tanzen ein paar Schritte.
Müssen die Weihnachtstage jedes Jahr so schnell verinnen?
Sie sollen bis Ostern dauern und dann wieder neu beginnen.

Denk dir eine Melodie zu diesem Lied aus. Hast du auch Lust auf Skandinavisches Safranbrot? Hier ist das Rezept:

500 g Mehl, 40 g Hefe, 1/8 Liter Sahne, 50 g Zucker, 1 Pr. Salz, 2 Eier, 100 ml Öl, 1 Essl. Rum, 1/2 Essl. Safran, 2 Teel. Milch, 1/2 Tasse Rosinen, 50 g gemahlene Mandeln.

Knete einen Hefeteig, teile ihn in zwei Stränge, die ineinander gedreht werden. Bestreiche sie mit verquirltem Eidotter und bestreue sie mit Mandelraspeln. Das Safranbrot muss bei 200 Grad etwas 35 bis 40 Minuten backen.

Polen

Josefa und der erste Stern

Immer wieder springt Josefa vor die Tür und schaut zum Himmel hinauf. Aber da ist nichts zu sehen außer einer dicken grauen Schneewolke.

»Hoffentlich verschwindet die bald«, wünscht sich Josefa, denn wenn so eine mächtige Wolke den Himmel verdunkelt, dann wird Josefa niemals den ersten Abendstern entdecken. Und das wäre schlimm. Denn ohne Abendstern beginnt kein Weihnachtsfest. Doch bis jetzt blinzelt nur ein matter Sternenschimmer durch die dicke Wolkendecke. Josefa weiß nicht, dass dieser Schimmer von zwei Sternenreisestrahlen herunterleuchtet. Der eine Sternenreisestrahl gehört zum Weihnachtsstern, der andere zum Sternchen Bellatrix, den alle im Himmel Elli nennen. Elli und der Weihnachtsstern blicken direkt auf die schöne blaue Weltkugel. Langsam dreht sie sich im All, so dass die Sternenreisestrahlen wie von selbst von Schweden nach Finnland und über die vereiste Ostsee bis in das kleine Städtchen Rogozno gewandert sind.

Rogozno liegt in Polen, ganz nah bei der großen Stadt Poznan. Auch dort drücken alle Kinder ihre Nasen an den Fensterscheiben platt und starren hinauf in den Himmel, um ja nicht den ersten Stern zu verpassen. Dem Sternchen Elli tun die Kinder Leid, denn warten ist schwer, und auf Weihnachten warten ist besonders schwer. Aber natürlich ist es ganz richtig, dass die polnischen Kinder nach dem ersten Stern schauen, denn ein Stern gehört unbedingt zu Weihnachten dazu. Elli weiß das vom Weihnachtsstern, der beim ersten Weihnachtsfest in Bethlehem selber dabei war. Wenn er nicht ganz hell vom Himmel heruntergestrahlt hätte, dann hätten die drei weisen Männer aus dem Morgenland niemals erfahren, dass Jesus zu den Menschen auf die Welt gekommen ist. Doch der Weihnachtsstern hat genau das getan, was Gott von ihm wollte. Er hat den Weisen den Weg zu Jesus gezeigt. Ohne ihn hätten die nicht einmal gewusst, dass es überhaupt Weihnachten gibt.

Die Polen wissen natürlich von Weihnachten, schon deshalb, weil sie es schon seit vielen, vielen Jahren immer wieder feiern. Trotzdem warten sie auf den ersten Stern.

»Und der zeigt ihnen, wie sie Jesus finden?«, fragt Elli.

»Nein.« Der Weihnachtsstern schüttelt seinen Schweif, rollt ihn zusammen und klemmt ihn zwischen zwei Zacken.

»Jesus ist doch längst bei ihnen, genau genommen seit dem ersten Weihnachtsfest vor 2000 Jahren. Er ist doch nicht einfach wieder in den Himmel verschwunden. Dann hätte er ja gar nicht erst kommen brauchen. Nein, Jesus lässt die Menschen nicht allein, auch wenn sie ihn nicht sehen.«

»Wenn er schon 2000 Jahre bei ihnen ist, dann ist er aber uralt geworden«, findet Elli.

Da muss der Weihnachtsstern lachen.

»Ach, Elli, nun denkst du wie ein Mensch. Dabei sind doch für uns Himmelswesen ein paar tausend Jahre kaum länger als ein Zackenspitzchen. Sogar wir Sterne sind viele Millionen Jahre alt. Und Gott selber ist unendlich und ewig. Er hat kein Alter, weil er immer schon da war und immer da sein wird. Und mit seinem Sohn Jesus ist es natürlich genauso.«

»Und warum warten die Menschen in Polen dann immer noch auf den ersten Stern am Weihnachtsabendhimmel?«

»Der zeigt, dass endlich das Weihnachtsfest beginnt.«

»Aber wenn sie ihn doch nun nicht sehen, weil zum Beispiel eine dicke Schneewolke den Himmel verdeckt, was dann?«

Elli lässt betrübt ihr Sternenköpfchen hängen. Arme Josefa, denkt sie, die rennt nun dauernd zur Tür und schaut und schaut. Aber der Himmel ist so düster, kein Stern weit und breit, da wird das große Jesus-Fest dieses Jahr wohl ausfallen müssen.

Es sei denn …

»Ach bitte, bitte« schmeichelt Elli, »lieber Weihnachtsstern, kannst du Josefa nicht helfen?«

»Natürlich kann ich das«, nickt der Weihnachtsstern, »aber vielleicht fällt dir ja auch etwas ein.«

»Ach, ich weiß nicht«, wispert Elli und streicht sich verlegen über eine zerknitterte Zacke. Sie kann sich gar nicht vorstellen, dass sie irgendetwas für Josefa tun könnte, wo sie doch nur ein winzigkleines Sternchen unter Milliarden anderen Himmelswesen im endlos weiten Himmelreich ist.

»Nur Mut, kleine Elli«, lächelt der Weihnachtsstern und hopst mitten auf die dicke Schneewolke. Die federt auf und nieder wie ein Trampolin und sie brummt auch ein bisschen. Aber das Wolkenbrummen hört sich nicht böse an, sondern fast ein wenig erleichtert. Da hat Elli plötzlich einen Einfall. Schneewolken sind so dick und schwer, weil sie tonnenweise Schnee mit sich herumtragen. Und wer dick und schwer ist, der verdeckt natürlich den ganzen Himmel. Elli seufzt einmal tief und schielt zum strengen Stern Riegel herunter, der immer und alles verbietet und eigentlich fast nie etwas gut und richtig findet, schon gar nicht, wenn ein Stern im eigenen Sternbild herumzappelt oder noch schlimmer: ein paar Lichtminütchen von seinem Platz wegrückt. Aber wenn man jemandem helfen möchte, dann muss man wohl auch mal etwas wagen. Und dazu hat der Weihnachtsstern Elli schließlich ermuntert. Also nimmt sie ihren ganzen Mut zusammen und springt hinter dem Weihnachtsstern mitten in die Schneewolke. Die fühlt sich ein bisschen kühl wie der Nordwind an, aber auch fast so weich und wattig wie ein dickes Daunenkissen.

»Liebe, liebe Wolke…«, raunt Elli ihr zu.

Da schmunzelt die Wolke: »Hab schon verstanden«, und breitet weit ihre Kuschelarme aus.

Von alledem hat Josefa nichts mitbekommen, obwohl sie immer wieder nach draußen läuft und zum Himmel hinaufschaut. Dabei sollte sie doch den Tisch decken. Nun verteilt ihre Mutter allein die Teller.

»Mach die Tür zu«, ermahnt sie Josefa, »es fegt nämlich eisige Luft herein.« Sie hebt ihren Kopf und schnuppert.

»Es riecht nach Schnee«, murmelt sie.

»Nein, es riecht nach Karp Po Polsku«, ruft Josefa und flitzt schon wieder herein und dreimal um den Tisch herum.

»Ach, der Karpfen«, stöhnt die Mutter und stürzt sofort in die Küche. Auf dem Herd brodelt der Fisch und im Ofen backt die Oplata. Das ist knusprig braunes Weihnachtsbrot, dünn wie ein Fladen und oben eingebacken das Bild der ganzen Weihnachtsfamilie: Maria, Josef und das Jesus-Kind. Josefas Mutter muss aufpassen, dass es nicht anbrennt.

»Juscha«, ruft sie deshalb, und damit meint sie Josefa, »stell noch rasch die restlichen Teller auf den Tisch und vergiss nicht das Besteck. Wir wollen fertig sein, bis ...«

»... der erste Stern leuchtet«, seufzt Josefa.

»... bis Papa und Großvater und Onkel Stachow zurück sind«, sagt Josefas Mama.

Wenn Josefa ihre Ohren spitzt, kann sie die drei Männer schon hören, nein, nicht nur die drei, sondern mindestens 15, oder sind es sogar noch mehr? Josefa reißt bestimmt zum tausendsten Mal an diesem Abend die Tür auf. Tatsächlich, vom Ende der Straße her tönen tiefe, volle Männerstimmen.

»Sie singen immer noch die Kolednicy«, ruft Josefa.

Sie beobachtet, wie die Männer von Haus zu Haus wandern. Vor jeder Tür singen sie die schönen alten Weihnachtslieder. Lange sind sie so schon unterwegs und es wird bestimmt noch eine Weile dauern, bis sie endlich fertig sind, denn sie können mindestens 80 unterschiedliche Lieder singen. Der Starez, das ist der Vorsänger, hat wochenlang mit den anderen geübt, heimlich natürlich. Aber nun soll die ganze Stadt die schönen Lieder hören. Wenn die Männer gesungen haben, werden sie von den Familien auf ein viertel Stündchen eingeladen, die leckeren Mazurek-Plätzchen zu probieren oder auch ein Gläschen Schnaps zu trinken. Kein Wunder, dass die Lieder sich mit der Zeit immer fröhlicher und ausgelassener anhören und natürlich auch lauter. Aber das kann auch daher kommen, dass die Kolednicy-Gruppe allmählich immer näher kommt.

»Christ ist erschienen«, hört Josefa, obwohl sie ausnahmsweise nicht wieder die Tür geöffnet hat. Sie muss sich beeilen, denn wenn die Männer nun bald vor ihrem Haus ankommen, dann muss doch wenigstens der Tisch fertig gedeckt sein.

»Wesolych Swiat«, rufen sie, was genau dasselbe bedeutet wie Fröhliche Weihnachten. Ganz nah klingen schon ihre Wünsche.

»Eine gute Ernte«, rufen sie in die Häuser, »und im Frühjahr eine Menge Lämmer, Kälber und Ferkel.«

Josefas Eltern haben keine Tiere. Also wird es im Frühjahr kein Kälbchen, kein Ferkel und erst recht kein Lämmchen geben. Nur eine kleine Katze streicht seit Wochen ums Haus. Mama hat erlaubt, dass Josefa sie füttert. »Dann wird sie wohl die Mäuse aus Speisekammer und Keller fangen«, hat die Mutter gehofft. Aber das wird Josefa ihrem Kätzchen auf keinen Fall erlauben. Sie findet Mäuse nämlich genauso niedlich wie kleine Kätzchen.

»So viel Sterne am Himmel stehen, so viel Glück in diesem Haus«, singen die Männer.

Josefa wirft Messer und Gabel auf das weiße Tischtuch und rennt schon wieder zur Tür.

»So viel Sterne am Himmel stehen«, flüstert sie. Sehnsüchtig wandert ihr Blick nach oben. Aber am Himmel klebt immer noch die dicke Schneewolke. Oder ist sie schon ein bisschen zur Seite gerückt? Ist sie vielleicht nicht mehr ganz so kugelrund und düster wie vorhin? Und blinzeln da nicht zwei winzigkleine Sternenzacken hervor?

Aufgeregt schießt Josefa zur Mutter in die Küche.

»Matka, ich habe kleine Sternenspitzen gesehen.«

»Wirklich?« Josefas Mutter lacht. »Dann beeil dich, Juscha, sonst schaut der erste Stern vom Himmel und der Tisch ist immer noch nicht fertig gedeckt.«

» Ist er wohl, ist er wohl, schon lange, lange, lange «, trällert Josefa. Aber die Mutter fasst Josefa an die Hand, führt sie hinüber ins Esszimmer und zählt mit ihr die Teller.

» Es sind nur fünf «, stellt sie fest.

» Ja, sicher «, nickt Josefa, » einer für dich, einer für mich, einer für Papa, Opa und Onkel Stachow. «

» Fehlen also noch zwei «, sagt Mama, rückt die Gedecke dichter zusammen und stellt noch zwei Teller ans Kopfende des Tisches.

» Ach richtig. « Josefa schlägt sich mit der Hand an die Stirn.

» Das hätte ich fast vergessen: einen Platz für Jesus und einen für seine Mutter Maria. Denn heute ist Weihnachten und an Weihnachten kommt Jesus zu den Menschen, stimmt doch, Mama, oder? «

» Stimmt, du schlaues Juscha-Mädchen. Wenn er kommt, dann wollen wir ihn an unseren Tisch bitten. «

Die Mutter lacht, denn Josefa linst schon wieder zur Tür. Und tatsächlich wird die nun aufgestoßen. Aber herein kommt nicht Jesus, sondern es kommen der Großvater, der Vater und Onkel Stachow. Auf Papas Fellmütze sitzt ein weißes Häubchen und auf Opas Schultern kleben lauter feuchte weiße Sternchen, die in der warmen Stube tauen und in kleinen Bächen seinen Mantel herunterlaufen. Onkel Stachow krächzt: » Es schneit. Ganz plötzlich hat es angefangen. «

Er bringt kaum die Worte heraus, weil er sich ganz heiser gesungen hat. Deshalb erklärt Josefas Papa: » Es ist gerade so, als hätte eine Sternenspitze die dicke Schneewolke angepiekst. «

» Und es schneit so wild «, fügt der Großvater hinzu, » dass es bestimmt nicht lange dauert, bis die Wolke verschwunden ist. «

» Dann rasch raus aus den nassen Sachen «, bestimmt Josefas Mutter, » damit ihr euch nicht erkältet. «

» ... und damit wir endlich anfangen können mit Weihnachten «, platzt Josefa dazwischen.

Doch Opa schüttelt den Kopf.

»Etwas haben wir noch vergessen«, meint er, zieht seinen Mantel enger um sich und stapft noch einmal hinaus in das wilde Schneetreiben. Josefa möchte ihn am liebsten am Ärmel zurückziehen. Wo muss er denn nun noch hin? Aber zum Glück kommt Opa schon nach ein paar Minuten zurück. Ach, er hat nur Stroh geholt. Ein ganzes Bündel trägt er unter dem Arm. Nun bückt er sich und streut es unter den Tisch.

»Falls Maria und Jesus ihren Esel mitbringen«, brummt er, »der soll sich auch bei uns wohl fühlen. Wir wollen doch nicht die Tiere vergessen.«

Das hat Opa noch nie. Einmal hat er Josefa davon erzählt, wie er als Kind an jedem Weihnachtsabend den Tieren im Stall, den Schweinen, den Kühen und den Schafen, ein Stück von der leckeren Oplata gebracht hat. »Die sollen schließlich auch merken, dass Weihnachten ist«, hat er erklärt.

Josefa kann nicht in den Stall laufen. Ihre Eltern haben nämlich keinen, und Onkel Stachow auch nicht. Ein Tier gibt es aber doch, nämlich Josefas kleines Kätzchen. Wo das wohl steckt?

Natürlich muss Josefa gleich einmal nachschauen. Schon springt sie wieder zur Tür und stupst sie auf. Sie braucht nur einmal kurz »Miezi« zu rufen, schon huscht das Kätzchen durch den Türspalt und zwischen Josefas Beinen hindurch in die warme Stube, unter den Tisch und mitten hinein in das gemütliche Stroh.

Der Opa lacht. »So haben wir zwar keinen Esel, aber wenigstens eine Katze. Juscha, vergiss nicht, ihr von der Oplata zu geben.«

Das wird Josefa bestimmt nicht. Wenn sie doch nur endlich anfangen könnten. Ungeduldig blickt Josefa noch einmal zum Abendhimmel hinauf. Da hängt immer noch ein Wolkenfetzchen. Aber die dicke, düstere Wolke von vorhin hat inzwischen so viel Schnee auf die Erde geschüttelt, dass sie zusammengeschrumpft ist wie ein Ballon, aus dem die Luft entwichen ist. Sie ist auch viel heller und freundlicher geworden. Es sieht sogar fast so aus, als würde sie zwei mollig kuschelige Arme der Erde entgegenstrecken. Und genau dazwischen ... blinkert da nicht etwas?

»Juchhu«, schreit Josefa, »ich sehe den ersten Stern.«

Am Himmel strahlt das Sternchen Elli vor Freude fast so hell wie ein Sonnenstrahl und der Weihnachtsstern zwinkert ihr fröhlich zu.

»Gut gemacht«, lobt er, »denn jetzt kann Weihnachten beginnen.«

 *Heute kannst du lauter Papierschneeflocken ausschneiden. Dazu falte ein quadratisches Stück Papier mehrere Male zu einem Dreieck. Schneide aus den Faltstellen kleine Zacken in unterschiedlicher Größe heraus. Wenn du das Papier auffaltest, hast du eine schöne Schneeflocke. Viele solcher Schneeflocken auf schwarzer Pappe wirken wie ein richtiges Schneegestöber. Du kannst deine Schneeflocken aber auch ans Fenster kleben. Das sieht abends besonders schön aus.*

Indien

Rahul und sein Weihnachtsfeuer-Wunsch

»Vielleicht heißt Indien Indien, weil es in den Indischen Ozean reinreicht«, überlegt das Sternchen Elli. Aufmerksam betrachtet sie die Weltkugel, die sich schimmernd wie eine Seifenblase um sich selber dreht. Eben noch ist Ellis Sternenreisestrahl blitzgeschwind über riesige Erdflächen gehuscht. Der Weihnachtsstern hat ihr erklärt, dass sie erst durch die Ukraine gesaust sind, rechts das Schwarze Meer liegenließen, über einen gewaltigen Gebirgszug hopsten, den die Menschen Kaukasus nennen, einen Zipfel des Kaspischen Meeres streiften und über den Iran, Afghanistan und Pakistan schließlich Indien erreicht haben. Der Weihnachtsstern kennt sich wirklich prima aus auf der Welt. Doch nun zwirbelt er nachdenklich seinen Schweif um eine seiner Sternenspitzen. Denn alles weiß er eben doch nicht.

»Vielleicht heißt der Indische Ozean Indischer Ozean, weil Indien seine Nase hineinsteckt«, vermutet er.

Elli zuckt mit ihren Sternenzacken. Fast wäre dabei ihr Laternchen heruntergepurzelt. Gerade rechtzeitig kann sie noch danach schnappen.

»Das wäre ja noch schöner, wenn ein Stern sein Licht verliert«, knurrt der Stern Riegel. Und ausnahmsweise ist der Weihnachtsstern mit ihm einer Meinung.

»Ohne Laternchen gibt es kein Licht und ohne Licht keinen Sternenreisestrahl und ohne Sternenreisestrahl können wir nicht zu den Menschen auf die Erde«, nickt er.

»Und dann erfahren wir nichts darüber, wie sie Weihnachten feiern«, fügt Elli hinzu, klammert ihr Laternchen fest zwischen zwei Zacken und dreht den Lichtstrahl heller.

Sofort schießt der auf die Weltkugel herunter. Oder ist Elli etwa woanders gelandet? Nein, dies ist bestimmt die Erde, und das Land ist sicher Indien. Denn die Orte heißen hier alle so, wie die Orte in Indien eben heißen. Elli streift durch Delhi und Bombay, schlängelt sich durch die Gassen von Madras und linst sogar in die Hütten der winzigsten Dörfer. Aber nirgendwo entdeckt sie auch nur ein Zipfelchen von Weihnachten. Weder eine Krippe noch einen Weihnachtsbaum.

»Weihnachtsbäume gibt es hier nicht, weil in ganz Indien nicht eine einzige Tanne wächst«, stellt der Weihnachtsstern fest.

»Warum schmücken die Inder nicht einfach einen anderen Baum?«, möchte Elli wissen.

»Vielleicht, weil sie nichts über Weihnachten wissen und davon, dass Jesus auf die Welt gekommen ist. Ich glaube, die meisten kennen Jesus nicht einmal«, sagt der Weihnachtsstern.

Elli seufzt. Dass es Menschen gibt, die noch nie von Jesus gehört haben, findet sie richtig schlimm.

»An was glauben sie denn dann?«, fragt sie den Weihnachtsstern. Der erklärt es ihr natürlich sofort. »Die meisten Inder sind Buddhisten. Buddha ist ein Wesen, das alle Weisheit erlangt hat. Er ist sozusagen ein Erleuchteter. Jeder Mensch kann ein Buddha werden, wenn er es schafft, nie wieder traurig zu sein.«

»Nie wieder traurig? Das wär schön«, seufzt Elli.

Doch während sie dem Weihnachtsstern zuhört, wandern ihre Sternenreisestrahlen bis nach Kalkutta. Kalkutta liegt ganz dicht am Golf von Bengalen und ziemlich genau dort, wo Indien mit Bangladesch zusammenstößt. Elli gefällt die Stadt nicht, denn wo sie auch hinschaut, in allen Straßen und auf allen Plätzen entdeckt sie zerrissene, zerlumpte, müde und kranke Menschen. Schließlich fällt ihr Reisestrahl direkt auf einen kleinen Jungen. Er ist vielleicht acht oder neun Jahre alt. So genau kann Elli das nicht erkennen, denn er ist so schmutzig, als hätte er in einer Pfütze übernachtet. Er trägt nur ein paar Lumpen. Seine schwarzen Haare sind zerzaust und seine nackten Beine sind von schlimmen Eiterbeulen übersät.

»Das ist Rahul«, sagt der Weihnachtsstern, der den Namen bestimmt von Gott erfahren hat. Gott kennt nämlich jedes Menschenkind.

»Armer Rahul«, sagt Elli. Sie kann sich gar nicht vorstellen, wie ein Kind wie er plötzlich aufhören soll, traurig zu sein.

»Die Buddhisten meinen, ein Mensch müsse nur das Rechte denken und sagen. Sie glauben, er müsse nur tief und gründlich über sein Leben nachgrübeln, und zwar so lange, bis er es ganz verstanden hat. Schafft er das nicht, dann kommt er noch einmal zurück auf die Welt und schlüpft in die Gestalt irgendeines Lebewesens. Manchmal wird er sogar als Mensch geboren. Dann hat er von neuem die Möglichkeit, durch ein gutes Leben ein Buddha zu werden.«

»Aber wie soll so einer wie Rahul besser leben können?«, ereifert sich Elli, »er sieht so aus, als hätte er nicht einmal ein Zuhause und vielleicht nicht einmal eine Familie.«

»Karma«, murmelt der Weihnachtsstern, »das bedeutet: So ist es nun einmal ...«

»Wenn das so ist«, ruft Elli, »dann muss Rahul ja fürchten, immer und immer wieder in so ein schlimmes Leben geboren zu werden. Ich wünschte, jemand würde ihm von Jesus erzählen und davon, dass er längst nicht alles wissen braucht und auch kein Erleuchteter sein muss, weil Jesus ihn lieb hat, wie er ist.«

»Das ist ein guter Wunsch«, freut sich der Weihnachtsstern, »und gute Wünsche erfüllen sich manchmal.«

Da ist Elli aber gespannt. Sie rückt ganz dicht an Rahul heran. Ein Schimmer von ihrem Laternenlicht fällt genau auf sein Gesicht. Fast leuchtet es ein wenig. Jedenfalls sieht es plötzlich ein bisschen fröhlicher aus. Das passiert manchmal, wenn jemand von einem Sternenstrahl getroffen wird.

Aber Rahul weiß nichts vom Sternenstrahl. Er weiß nur, dass gleich das große Feuerwerk beginnt, und darauf freut er sich wie wild. Es gibt nicht viel, worüber Rahul sich freuen kann, denn sein Leben ist ganz schön hart. Meistens hat er Hunger. Dann muss er um Nahrung und um ein paar kleine Münzen betteln. Wenn er müde ist, kriecht er unter ein Gebüsch oder in den Schatten einer Mauer. Und wenn er jemanden zum Spielen oder Reden braucht, dann greift er nach den Vögeln oder springt hinter den streunenden Hunden her. Das ist manchmal ganz lustig. Aber am lustigsten ist wirklich das Feuerwerk. Einmal im Jahr kann er es sich anschauen und zwar immer dann, wenn die Leute, die an diesen fremden Gott glauben, ihr großes Fest feiern. Sie nennen sich Christen und sie feiern den Geburtstag ihres Gottes, oder nein, den Geburtstag des Sohnes dieses Gottes. Rahul kennt sich da nicht so aus. Er weiß nur, dass dieser Sohn Jesus heißt. Das haben ihm die netten Frauen aus dem alten Kloster erzählt. Nonnen heißen die. Manchmal darf Rahul sich bei ihnen eine Schüssel Reis und eine Handvoll scharf gewürztes Gemüse abholen. Vielleicht haben sie heute wieder etwas für ihn? Vielleicht sollte Rahul mal zum Kloster laufen. Sein Magen knurrt jedenfalls so laut wie ein Donnerwetter. Oder war das vielleicht schon eine Rakete?

Rahul stößt sich von der Mauer ab, an die er sich gelehnt hat, und starrt gespannt zum blauen Abendhimmel hinauf. Sterne funkeln auf ihn herunter und es scheint ihm gerade so, als ob einer davon ihm ins Gesicht blinkert. Doch da schießt plötzlich die erste Rakete mitten in den Sternenglanz, platzt auseinander, blitzt und kracht und schleudert einen Funkenregen in alle Himmelsrichtungen. Kaum sind die Lichter verglüht, explodiert schon die nächste Rakete, dann noch eine und noch eine. Irgendwo läutet eine Glocke. Eine Kirchenglocke vielleicht? Aber Kirchen gibt es nur ganz wenige in Indien. Vielleicht hat Rahul nur das Gebimmel der Klosterglocke gehört. Und wie er an das Kloster denkt, da erinnert ihn sein murrender, knurrender Magen daran, dass er einen Hunger hat so groß und wild wie ein bengalischer Tiger. Da hilft auch das schönste Feuerwerk nichts. Da muss Rahul, anstatt die letzte Rakete abzuwarten, lieber sofort in Richtung Kloster aufbrechen. Er weiß genau, wo es langgeht. Er braucht ja nur dem Glockengebimmel folgen. Schon quetscht er sich durch Gassen und Winkel, kriecht unter Zäunen hindurch, streift durch Gärten und klettert über Mauern. Doch plötzlich bleibt er erschrocken hoch oben auf einer Mauer hocken. Was, wenn die Nonnen nicht gestört werden wollen? Wo sie doch heute ein Fest feiern und dann auch noch so ein besonderes, nämlich den Geburtstag ihres Gottessohnes. Da darf Rahul doch bestimmt nicht dazwischen platzen.

»Doch ...«, möchte Elli ihm zurufen, »zu Menschen, die Jesus kennen, darf jeder kommen. Das ist nämlich fast genauso, als würde Jesus selber einen erwarten, besonders, wenn einer so großen Hunger hat wie du.«

Aber die Menschen verstehen leider nicht die Sternensprache. Da bleibt dem Sternchen Elli nichts anderes übrig, als kräftig zu leuchten. Und vielleicht hat Rahul den Sternenschimmer gesehen. Und vielleicht hat er ihn sogar verstanden. Denn plötzlich schwingt er sich von der Mauer herunter und stapft entschlossen zum Kloster.

Normalerweise ist das große Eingangstor fest verriegelt. Doch zu Rahuls Verwunderung steht es heute so weit offen wie das Maul eines Krokodils. Er kann ganz einfach in den Innenhof hineinspazieren. Niemand hält ihn auf. Drinnen haben sich eine Menge Menschen versammelt. Rahul entdeckt einige Nonnen. Er erkennt sie an ihren langen, steifen Gewändern, unter denen sie bestimmt mächtig schwitzen, denn in Indien ist es ziemlich heiß. Dann sieht Rahul noch einige Frauen in bunten Saris. Saris sind die typischen Kleider der indischen Frauen. Eigentlich ist ein Sari nichts anderes als eine lange Stoffbahn, die so geschickt um den Körper gewickelt wird, dass die Falten gleichmäßig bis auf den Boden herunterfließen.

Dicht an die Frauen drängen sich Kinder. Manche sehen genauso schmutzig und zerzaust aus wie Rahul. Sogar Männer sind da, manche in Anzügen wie sie die Leute aus dem Westen tragen, manche aber auch sehr ärmlich und zerlumpt. Ohne Ausnahme stehen sie in einem großen Kreis zusammen. In ihrer Mitte ist ein riesiger Reisighaufen aufgeschichtet. Neugierig schleicht Rahul sich näher heran. Was wird nun geschehen?

Zuerst treten einige Nonnen aus dem Kreis heraus und verteilen etwas an die umstehenden Leute. Hoffentlich etwas zu essen, wünscht sich Rahul. Doch was er plötzlich in die Hand gedrückt bekommt, ist leider nur eine Kerze. Rahul ist enttäuscht. Was soll er denn mit einer Kerze?

»Leuchten natürlich«, möchte Elli ihm erklären, denn davon versteht sie eine Menge. Dass zu Weihnachten ganz viel Licht gehört, das weiß doch wohl jeder, oder?

»Nein, Elli, Rahul weiß das nicht«, verbessert sie der Weihnachtsstern.

»Dann wird es aber allmählich Zeit.«

Elli wird fast ein bisschen ungeduldig. Braucht sie aber nicht, denn jetzt steckt eine Nonne die erste Kerze an. Die erste Flamme zündet die zweite Kerze an, die zweite die dritte und so fort. Einer reicht dem anderen das Licht weiter, bis schließlich jeder im Kreis eine brennende Kerze in der Hand hält. Auch Rahuls Kerze leuchtet. Sehr festlich sieht das aus. Der ganze Klosterhof leuchtet wie ein Weihnachtsbaum.

Und nun zieht eine andere Nonne ein Buch aus den Falten ihres Umhangs. Sie klappt es auf und beginnt zu lesen:

»So sehr liebt Gott die Menschen, dass er seinen einzigen Sohn zu ihnen auf die Welt schickte ...«

»Das ist doch die Bibel«, freut sich Elli. Auch der Weihnachtsstern strahlt. Und als die Nonne auch noch die ganze Geschichte von Weihnachten vorliest, alles von Maria und Josef und dem Stall in Bethlehem, in dem Jesus geboren wurde, als sie von den Hirten auf dem Feld berichtet und dem Engel, der ihnen die frohe Nachricht brachte, dass Jesus zu ihnen gekommen ist, als sie auch noch von den drei weisen Männern aus dem Morgenland und sogar vom Weihnachtsstern erzählt, da rollt der Weihnachtsstern vor lauter Begeisterung seinen Sternenschweif auseinander und zieht ihn kreuz und quer über den Himmel.

Erstaunt blickt Rahul nach oben. Hat da nicht plötzlich etwas aufgeblitzt? Vielleicht noch eine verspätete Rakete? Ach nein, vielleicht war es nur der Kerzenschein, der tanzende Schatten an die Klostermauern wirft. Oder vielleicht waren das schon die ersten Funken vom Reisighaufen. Den hat nämlich gerade eine Nonne in Brand gesetzt. In wenigen Sekunden lodert das trockene Holz und taghell flackern die Flammen zum Himmel. Lange stehen die Menschen und schauen in das Weihnachtsfeuer. Wer weiß, vielleicht denken sie über das nach, was die Nonne eben vorgelesen hat. Rahul jedenfalls hat sehr gut zugehört und sich alles genau gemerkt.

»Wenn Jesus in einem Stall zur Welt kam«, überlegt er, »dann war er vielleicht genauso arm wie ich. Und wenn er so arm war wie ich, dann versteht er bestimmt, wie es mir geht. Und dann weiß er sicher, wie sich so ein riesiger Hunger anfühlt, wie ich ihn gerade habe.«

»Das weiß er bestimmt«, flüstert das Sternchen Elli. Aber das hört Rahul natürlich nicht. Er hört nur das Knistern des Feuers und wie das Holz knackend in sich zusammensackt. Am Ende schwelt im Klosterhof nur noch ein glühender Aschenhaufen.

Nun, wo es überhaupt nicht mehr gefährlich ist, drängen sich die Menschen dichter heran. Denn jetzt wird über die Glut gesprungen. Einer nach dem anderen hopst lachend und scherzend darüber. Zum Schluss steht Rahul allein da. Er weiß nicht, wozu das Springen gut sein soll und ob er überhaupt mitmachen darf. Lust hätte er schon. Aber eigentlich war er gar nicht eingeladen sondern hat sich heimlich dazwischengeschlichen. Doch während er noch zögert, tritt eine freundliche Nonne auf ihn zu und beugt sich zu ihm herunter.

»Spring, Junge«, ermuntert sie ihn, »und wenn du über dem Feuer bist, dann darfst du dir etwas wünschen. Gute Wünsche erfüllen sich sogar manchmal.«

»Stimmt«, lacht das Sternchen Elli. Rahul hat von Jesus gehört und davon, wie er auf die Welt gekommen ist. Also hat sich ihr Wunsch schon erfüllt. Was sich Rahul wohl wünschen wird?

Der braucht nicht lange zu überlegen. Er braucht nur an seinen knurrenden Bauch zu denken, dann fällt ihm gleich etwas ein. Also nimmt er einen kräftigen Anlauf und schwupps fliegt er über die Glut mitten hinein in die geöffneten Arme einer Nonne.

»Wunderbar gesprungen«, lobt sie ihn, und ehe Rahul Reißaus nehmen kann, nimmt sie ihn an die Hand und zieht ihn hinter sich her ins Kloster hinein. Drinnen haben die Küchennonnen ein richtiges Weihnachtsessen vorbereitet. Und jeder, der Hunger hat, darf etwas davon abhaben.

Elli und der Weihnachtsstern kommen nicht mit hinein. Brauchen sie auch nicht, denn sie haben ja keinen Hunger. Im Himmel hat nie jemand Hunger.

»Wenn es doch auf der Erde auch so wäre«, seufzt Elli.

Doch der Weihnachtsstern lacht.

»Manchmal ist es auf der Erde fast ein bisschen wie im Himmel, jedenfalls wenn die Nonnen in Kalkutta Weihnachten feiern.«

 *Spielt doch mal das Feuerspiel. Dabei wird eine Wunderkerze herumgereicht. Derjenige, bei dem die Wunderkerze erlischt, muss seinem rechten Mitspieler einen lustigen Wunsch erfüllen.*

Damit es ungefährlicher ist, nehmt anstelle einer Wunderkerze einen Löffel voll Wasser. Aber Vorsicht, nur auf Böden spielen, die man hinterher auch wischen kann. Oder legt eine Kartoffel auf den Löffel. Wer sie fallen lässt, ist der Wunscherfüller.

Japan

Ryoko und die Weihnachtsbuttercremetorte

»Auf der Erde ist es wie im Himmel«, freut sich Elli, das Sternchen, und hopst übermütig zwischen den Engeln herum, die auf der großen Himmelswiese tanzen und für Gott ein kräftiges Weihnachts-Halleluja singen. So herumzutoben sieht Elli gar nicht ähnlich. Meistens ist sie nämlich traurig. Dann lässt sie ihre Sternenzacken hängen und möchte sich am liebsten Tag und Nacht in ihrem Wolkenschaukelbettchen im Sternenschlafsaal verkriechen. Elli hat nämlich geglaubt, dass es egal ist, ob sie am Himmelszelt leuchtet oder nicht. Schließlich blitzen da schon so viele Millionen Sterne. Da kommt es auf ein kleines Sternchen, wie sie eines ist, sicher nicht an. Schon gar nicht, wenn man so zerknitterte Zacken hat wie sie. Und wenn einer sich überhaupt nicht wichtig und nicht einmal hübsch findet, dann weiß er auch nicht, weshalb er überhaupt leuchten soll.

»Weil Gott dich nicht zum Verkriechen, sondern zum Leuchten geschaffen hat«, brummt der Stern Riegel nun schon fast zum tausendsten Mal. »Und er wird sich was dabei gedacht haben…«, fügt er noch hinzu.

Der Stern Riegel ist meistens ziemlich brummig. Das wird einer manchmal, wenn er aufpassen muss, dass alles klappt. Der Stern Riegel hat die Oberaufsicht über das Sternbild, das aussieht wie ein Jäger und Orion heißt. Er hat dafür zu sorgen, dass kein Stern aus diesem Sternbild heraustanzt. Fehlt nämlich einer, dann stimmt das ganze Bild nicht mehr. Und nun hopst der kleine Stern Bellatrix mitten zwischen den Engeln herum.

»Da siehst du, wie wichtig du bist«, grinst der Weihnachtsstern.

Gut, dass der Weihnachtsstern Elli unter ihrer Wolkendecke heraus an den Himmel gelockt hat. So kann Elli Weihnachten im Himmel feiern, wo die Engel singen wie Silber und Samt, wo die Wolken sich weich und wattig aufplustern, wo die Sterne blitzen und funkeln wie ein Feuerwerk und wo Gott mit allen zusammen lacht. Gott freut sich nämlich an seinen Himmelswesen. Und genauso freut er sich über die Erdenwesen. Er hat sie so lieb, dass er sogar bei ihnen wohnt. An Weihnachten ist er zu ihnen gekommen. Und wo Gott ist, da ist es wie im Himmel. Jedenfalls ein bisschen, auf jeden Fall aber an Weihnachten. Elli weiß das, denn zusammen mit dem Weihnachtsstern ist sie mit ihrem Sternenreisestrahl, der schneller als ein Augenzwinkern ist, auf die Erde gesaust. Sie ist kreuz und quer durch Europa geflitzt, hat kurz nach Afrika gelinst und sich schließlich vom Weihnachtsstern nach Asien führen lassen.

»Auf der Erde ist es nur dann wie im Himmel, wenn die Menschen sich nicht zanken«, piepst ein Engelsstimmchen zwischen zwei Hallelujas.

»Ach, Uli, du bist es«, freut sich Elli, dreht sich dreimal um die eigenen Zacken und strahlt ihrem kleinen Engelfreund mitten auf die lustige Stupsnase. Uli macht es überhaupt nichts aus, dass Elli ein paar zerknitterte Sternenzacken hat. Im Gegenteil, ihm gefallen zerknitterte Sternenzacken gerade gut, denn wenn man sich dagegen kuschelt, braucht man keine Angst zu haben, sie zu zerknittern. Sie sind es nämlich schon. Und deshalb, und auch, weil Uli ganz nah bei seiner Freundin sein möchte, lehnt er gleich seine Flügel und seinen strubbeligen Engelskopf gegen ihre leuchtenden Zacken.

»Ich weiß Bescheid, denn ich war auch schon einmal bei den Menschen«, murmelt er, schließt die Augen und träumt von der Erde. Owei, das hätte Uli lieber nicht machen sollen, denn wenn Engel träumen, dann verreisen sie direkt zu ihrem Traumort. Normalerweise ist das jedenfalls so, es sei denn, ein Engel stupst träumend mit einem Sternenreisestrahl zusammen. Und genau das ist Uli gerade passiert. Elli will noch »Vorsicht« rufen. Doch es ist schon zu spät. Uli hat nicht nur zu träumen angefangen, Uli ist auch gegen Ellis Laternchen gestoßen. Und schneller, als Elli sich besinnen kann, blitzt ihr Sternenreisestrahl aus dem Laternchen heraus und schießt zwischen dem Engelchor hindurch einmal quer durchs Weltall auf die Erde. Ellis Sternenreisestrahl war noch auf Asien eingestellt. Aber durch den Uli-Stupser ist er ein bisschen abgewichen. Außerdem hat sich die schöne blaue Weltkugel wieder ein Stückchen weitergedreht. Deshalb schießt Ellis Reisestrahl ruckzuck über Bangladesch und Birma über das riesige China hinweg, fast bis mitten ins Meer hinein, nämlich in den Pazifischen Ozean. Und der Träumer Uli, der auf dem Sternenstrahl wie auf einer Rutsche herunterschlittert, wäre beinahe hinterher geplatscht. Elli kann gerade noch im letzten Lichtsekündchen ihren Reisestrahl auf eine Insel schwenken. Die Insel ist ziemlich groß und voller Städte und Menschen.

Erschrocken reißt Uli seine Engelsaugen auf. Ach, du lieber Himmel, wo ist er denn gelandet? Ringsum duftet es nach Brot und frischem Kuchen, nach Sahne und Karamel. Überall drängen Leute, schwatzen durcheinander wie Spatzen, klimpern mit Geld und klappern mit Kartons. Vorsichtig schaut Uli sich um. Er liegt auf einem Glastisch zwischen anderen Engeln. »Hallo, Kumpel«, flüstert er und zupft dem Engel, der Flügel an Flügel neben ihm liegt, an einer silbernen Engelslocke. Doch der regt sich kein bisschen. »Hallo«, versucht Uli es noch einmal, diesmal etwas lauter. Doch da legt sich etwas wie ein glänzender Finger über seine Lippen.

»Pst«, raunt Elli, das Sternchen, »sei leise, Uli. Die Menschen denken nämlich, du bist aus Zuckerguss, genauso wie die anderen Engel auch. Und was glaubst du, was hier los ist, wenn sie entdecken, dass du echt bist?«

»Aber … wo…«, stammelt Uli.

»Dies ist eine Bäckerei«, raunt der Weihnachtsstern.

Er ist natürlich sofort hinter den beiden hergeflitzt. Denn wer weiß, was ein kleiner Engel und ein kleiner Stern anstellen, wenn sie ganz allein bei den Menschen sind.

Elli seufzt erleichtert.

»Wir sind in einer Bäckerei in Japan und heute ist hier so viel los, weil …«, sagt der Weihnachtsstern.

»…weil Weihnachten ist«, möchte Uli dazwischenplatzen.

Aber rasch verschließt ihm der Weihnachtsstern mit einem Sternenstrahl den Mund. »Sei lieber still«, ermahnt er ihn, »und lass uns abwarten, was passiert.«

Als erstes passiert etwas sehr Dummes. Weil das Sternchen Elli und auch der Weihnachtsstern den kleinen Engel so himmlisch aufs Gesicht strahlen, leuchtet Uli so hell, dass der Bäcker ihn sofort bemerkt. Mit seiner mehlbestäubten Bäckerhand fischt er unter allen Zuckergussengeln ausgerechnet ihn heraus. Ganz leblos und steif macht sich da der kleine Engel, erst recht, als eine ungeduldige Männerstimme brummt: »Wie lange soll ich denn noch auf meine Torte warten?«

»Alle wollen zuerst bedient werden«, stöhnt der Bäcker, »es ist doch jedes Jahr dasselbe. Und alle wollen die schönste Weihnachtstorte für sich ergattern.«

»Natürlich«, knurrt der Mann und wehrt ein paar Leute ab, die sich hinter ihm in den Laden drängen.

»Meine Ryoko soll dieses Jahr eine ganz besondere Buttercremetorte bekommen«, sagt er und dabei spricht er das R wie ein L aus, weshalb sich Ryoko anhört wie Lioko. Und das klingt nun überhaupt nicht brummig, sondern richtig liebevoll.

Der Bäcker nickt. Ryoko, das ist doch die Kleine, die zusammen mit seinem Sohn Ischiro in die Schule geht. Der Bäcker kennt sogar Ryokos Eltern. Ryokos Mama verkauft in einem Kleiderladen die wunderhübschen bunten Seidenkleider, die Kimono heißen. Und Ryokos Papa arbeitet in demselben Laden in einem Büro. Dort muss er viel rechnen, viel telefonieren und noch viel mehr Briefe schreiben. Er hat so viel zu tun, dass er meistens erst nach Hause kommt, wenn Ryoko schon im Bett liegt. Und Ryokos Mama hat auch nicht viel Zeit, weil sie neben ihrer Arbeit im Kimonogeschäft auch noch einkaufen, waschen und die alte Obadschan versorgen muss. Obadschan heißt Oma und sie ist die Mama von Ryokos Mama. Ryoko ist also viel alleine. Und was macht sie, wenn die Schule aus ist und sie alle Schularbeiten erledigt hat? Das wissen Ryokos Eltern leider nicht immer und der Bäcker natürlich auch nicht. Er hat selber so viel zu tun. Da kann er sich nicht noch um die Kinder anderer Leute kümmern. Und an Weihnachten erst recht nicht, denn da hat er am allermeisten Arbeit. Der ganze Laden steht voller Leute und alle möchten Weihnachtstorten bei ihm kaufen. Süße Törtchen gehören nämlich unbedingt zu Weihnachten dazu.

Der Ryoko-Papa stampft schon ungeduldig mit seinen Füßen.

»Gleich bin ich fertig«, verspricht der Bäcker und setzt den glänzenden Engel oben auf eine Buttercremetorte. Er kann ja nicht wissen, dass der Engel Uli heißt und gerade auf einem Sternenstrahl vom Himmel heruntergerutscht ist. Nun thront er oben auf der Torte, die fast so groß ist wie ein Teller und verziert ist wie eine Winterlandschaft. Alles ist drauf, Tannenbäume aus Schokolade und Sterne und Schneeberge aus Zuckerguss. Sogar ein dicker roter Nikolaus zerrt zwischen Puderzucker und Marzipan einen Schlitten hinter sich her. Und genau auf diesen Schlitten drückt der Bäcker den kleinen Engel, betrachtet sein Buttercremekunstwerk und schiebt es zufrieden in einen großen Pappkarton. Nun kann Uli nichts mehr sehen. Aber er hört, wie der Mann Geld auf die Ladentheke klimpert, den Karton unter seinen Arm klemmt und schließlich Richtung Ladentür poltert. Da wird es Uli ganz mulmig zumute.

»Keine Angst, wir sind bei dir«, wispert ein freundliches Stimmchen. Uli erkennt gleich, dass das der Weihnachtsstern ist. Und das Sternchen Elli schlüpft sogar durch einen winzigen Spalt zu ihm in den Pappkarton. Die beiden naschen ein bisschen von der Buttercreme. Aber Elli hat bald genug. Sie möchte viel lieber wissen, was draußen passiert. Rasch wie ein Windstoß huscht sie durch den Spalt ins Freie.

»Ich bleibe ganz in deiner Nähe und erzähle dir alles, was ich sehe«, verspricht sie und pflanzt sich auf den Karton, ganz dicht unter den Arm von Ryokos Papa. Der will zuerst auf die Einkaufsstraße hinausmarschieren. Überall flackern bunte Lichter in den Schaufenstern. Tannenbäume aus Plastik stehen in offenen Ladentüren, von drinnen tönen »Stille Nacht, heilige Nacht« und »Vom Himmel hoch, da komm ich her«. Ryokos Papa weiß nicht, was diese Lieder bedeuten. Wer kommt denn vom Himmel herunter und warum ist diese Nacht heilig? Das hat ihm noch keiner gesagt. Trotzdem feiert er jedes Jahr mit Ryoko, mit ihrer Mama und mit Obadschan das Weihnachtsfest. Schon deshalb, weil Ryoko sich so darauf freut. Diesmal hat sie ihm sogar eine Überraschung versprochen. Nur eine Stunde Zeit soll er sich für sie nehmen. Sie will ihm nämlich etwas Wichtiges zeigen. Er ist schon riesig gespannt. Vielleicht kann er in dieser einen Stunde mal für ein Weilchen alle Sorgen vergessen. Wer nämlich so viel Arbeit hat wie Ryokos Papa, der hat auch eine Menge Sorgen. Kein Wunder, dass er wenigstens einmal im Jahr nicht daran denken möchte. Ryokos Papa seufzt. Die meisten Japaner nennen Weihnachten den »Sorgen-vergessen-Tag«. Und Ryokos Papa findet, dass man seine Sorgen am allerbesten bei ein paar Gläschen Reiswein vergessen kann. Es wird schon nicht so schlimm sein, wenn er noch kurz in einem Trinkhaus vorbeischaut, auch wenn er dann später nach Hause kommt.

»Lieber nicht«, flüstert der Weihnachtsstern, »denn Wein verändert gar nichts, höchstens für eine klitzekleine Zeit. Nachher sind die Sorgen genauso da wie vorher.«

»Wir sollten das Ryokos Papa sagen«, schlägt Elli vor.

Aber der Weihnachtsstern schüttelt bekümmert seine Sternenzacken. »Ich glaube nicht, dass er uns versteht.«

»Ich kann es versuchen, denn ich kenne die Menschensprache«, piepst Uli aus der Pappschachtel. Aber der Weihnachtsstern winkt ab. »Ich fürchte, das wird nichts nützen, kleiner Engel. Ryokos Papa weiß ja nicht einmal, dass du lebendig bist. Nein, am besten wäre es, ein Mensch würde es ihm sagen.«

Aber die Menschen eilen alle an Ryokos Papa vorbei.

Ryokos Papa muss sehr gut auf seinen Karton aufpassen, damit niemand seine schöne Weihnachtstorte zerdrückt. Doch dann stößt doch einer dagegen, gerade in dem Moment, als Ryokos Papa den Bäckerladen verlassen will. Es ist ein Junge mit schwarz glänzenden Haaren und fröhlichen dunklen Augen, die auf seiner hellen Haut aussehen wie Mandeln auf einer Marzipantorte. Er stürzt an Ryokos Papa vorbei durch die Tür, springt hinter den Ladentisch direkt in die mehligen Arme des Bäckers und plappert aufgeregt auf ihn ein. Ryokos Papa kann nicht wissen, dass ihn beinahe der Bäckersohn Ischiro umgerannt hätte. Denn weil er so wenig Zeit hat, kennt er natürlich nicht die Klassenkameraden seiner Tochter. Ärgerlich dreht er sich zu dem Jungen um.

»Kannst du nicht aufpassen«, will er ihn anfahren. Aber es ist fast so, als hätte ihn ein Sternenschimmer gestreift, denn plötzlich lächelt er. Da hat doch bestimmt der Weihnachtsstern seine Strahlen im Spiel, überlegt der kleine Stern Elli. Und so muss es wohl sein, denn auf einmal denkt der brummige Ryoko-Papa gar nicht mehr an Reiswein und Sorgen. Plötzlich fällt ihm ein, dass in Japan Weihnachten ein Fest für Kinder ist.

»Genau, es ist ein Fest für das Kind Jesus«, lacht Uli und das ist ihm wohl ein bisschen zu laut herausgerutscht, denn Ryokos Papa schaut erstaunt auf den Karton herunter.

»Jesus?« fragt er, »wer ist denn das?«

»Das ist Kyoschi Taro«, antwortet Ischiro.

Kyoschi heißt heilig und Taro bedeutet der erste Sohn. Ist Jesus also heilig und der erste Sohn? Aber von wem?

»Von Gott natürlich«, sprudelt Ischiro heraus.

Der Bäcker schaut verdutzt zuerst seinen Sohn, dann den Ryoko-Papa an. Nanu, denkt er, der hat es doch vorhin noch so eilig gehabt. Und nun steht er hier im Laden herum, als hätte er alle Zeit der Welt. Und Ischiro erst …

»Sag mal, Junge, woher weißt du das denn?« fragt er ihn.

»Von Ryoko natürlich«, erklärt Ischiro, »die geht nämlich ganz oft nachmittags in die Missionskirche zur Kinderstunde. Da hat sie eine Menge von Jesus gehört, auch, dass er an Weihnachten auf die Welt kam.«

»Aha«, murmelt Ryokos Papa verblüfft.

»Jetzt ist sie auch dort«, erzählt Ischiro, »und übt mit anderen Kindern ein Krippenspiel ein. Das wollen sie nachher vorführen und alle dürfen kommen. Papa, ich möchte es mir so gerne anschauen. Bitte, bitte, kommst du mit? Die Krippe ist ein Futtertrog und da hinein haben Maria und Josef Jesus gelegt, weil sie sonst keinen Platz zum Übernachten gefunden haben. Maria und Josef sind die Eltern von Jesus und …«

Der Bäcker lacht: »Nun erzähl mal nicht alles, denn wenn wir uns nachher die Geschichte anschauen, kenne ich sie ja schon.«

»Du kommst also mit?«, freut sich Ischiro.

»Hai«, nickt der Bäcker, »wenn du mir hilfst, die restlichen Weihnachtstorten zu verkaufen.«

Das macht Ischiro natürlich gerne. Ryokos Papa aber drückt sich eilig durch die Ladentür. Den Reiswein hat er auf einmal ganz vergessen. Jetzt möchte er nur so schnell wie möglich nach Hause, um Ryokos Mama und die Obadschan abzuholen. Er möchte sie nämlich mit zur Missionskirche nehmen, damit sie auch die Geschichte von Jesus kennen lernen. Und natürlich sollen sie auch seine Ryoko spielen sehen.

Das gibt dieses Jahr ein ganz besonderes Weihnachtsfest. Zum Schluss bekommt Ryoko ihre Weihnachtsbuttercremetorte. Aufgeregt klappt sie den Karton auf. Aber was ist denn das? Ryokos Papa bekommt runde Augen. Da fehlt ja der Engel!

Er kann sich überhaupt nicht denken, wo der geblieben ist. Du schon, oder?

Jedes Kind in Japan kann Figuren aus Origami falten. Man braucht dazu weder Kleber noch Schere. Mit ein bisschen Geduld kannst du bestimmt auch ein Sternenkörbchen basteln.

Abb. 1:

Abb. 2:

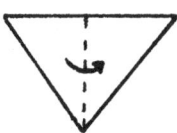

Abb. 3:

Falte den dritten Kniff wieder auf.

Abb. 4: Das Dreieck, das sich fast von alleine wie ein Segel auf einem Schiffchen hochstellt, ganz aufrichten, in die offene Seite greifen bis ein »Vogelschnäbelchen« entsteht. Lege nun die obere Spitze des Vogelschnabels auf die untere und kniffe kräftig. Dreh dein Papier um, richte wieder das Dreieck zu einem Segel auf – diesmal steht das Segel auf einem Viereck – und kniffe es genauso wie auf der anderen Seite herunter.

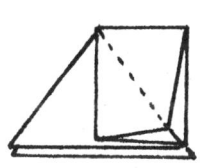

Abb. 5:
Auf der Vorder- und Rückseite die offenen Seiten zur Mittellinie hin umknicken.

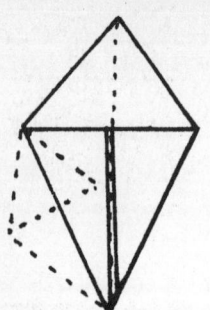

Abb. 6: Richte die beiden letzten Knicke auf und drücke die so entstandenen »Segel« genauso auseinander wie bei Abb. 4. Mach dasselbe auch auf der Rückseite.

Abb. 7:
Die Seiten a und b
knick nach hinten innen um.
Verfahre auf der
anderen Seite genauso.

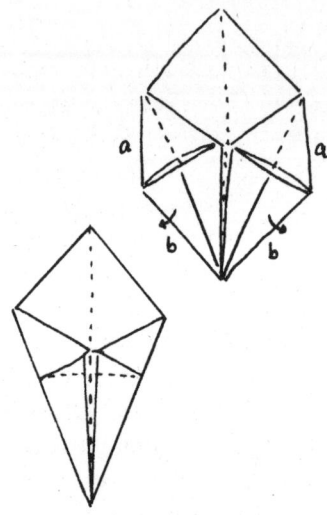

So erhältst du eine Figur,
die aussieht wie Abb. 8:

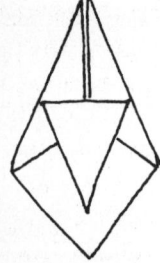

Abb. 9: Knick alle vier Sternenspitzen zur geschlossenen stumpfen Spitze.

Abb. 10:
Oben entsteht wie von selber eine Öffnung. Nun brauchst du nur noch die Sternenzakken vorsichtig nach außen zu ziehen und den Boden gegen eine Tischplatte drücken: Fertig ist das Sternenkörbchen.

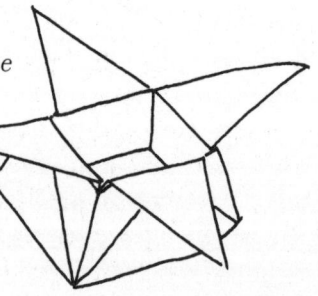

Australien

John und die drei Könige auf dem Wagen

»Ach, komm doch mit«, bettelt das Sternchen Elli. Doch ihr Freund, der Engel Uli, lässt sich nicht erweichen. Er ist froh, wieder im Himmel zwischen seinen Engelkollegen zu sein. Mit denen kann er nämlich ganz ungefährlich Weihnachten feiern. Auf der Erde dagegen wäre er eben beinahe verspeist worden, und zwar als Zuckergussengel auf einer Weihnachtstorte. Das muss man sich mal vorstellen! Nein, Uli wird hübsch bleiben, wo er ist. Und das Beste wäre, Elli würde das auch tun. Was will sie denn unbedingt auf der Erde?

»Unterschiede kennen lernen«, erklärt sie, »Gott hat sich nämlich jeden und alles verschieden ausgedacht. Der Weihnachtsstern hat gemeint, so sei es im Himmel viel lustiger und spannender. Vorher habe ich das nicht gewusst. Da war ich ziemlich traurig, dass ich nicht aussehe wie die anderen Sterne.«

Elli fuchtelt mit ihren Glatt- und Knitterzacken vor Ulis Nase herum, piekst ihn vorsichtig mit den spitzen und knufft ihn freundlich mit den stumpfen.

»Und auf der Erde ist es genauso. Kein Mensch gleicht dem anderen. Jeder ist besonders und einzig. Sogar Weihnachten feiern sie unterschiedlich. Ich habe es selbst gesehen, natürlich längst nicht alles. Ich glaube, heute geht es Richtung Süden.«

»Nach Australien …«, kommandiert der Weihnachtsstern, der fast genauso aufgeregt ist wie das Sternchen Elli. Seinen Sternenreisestrahl hat er schon aufgedreht. Er blitzt vom Himmel herunter mitten auf eine schäumende, endlose und blau und grün schimmernde Fläche.

»Das Meer«, seufzt er und springt auf den Wellen seinem eigenen Strahl hinterher, der wie ein Federball auf und nieder hopst.

»Wie schön«, schwärmt auch Elli, »das Meer sieht aus, als wäre der Himmel auf die Erde gefallen, und sieh mal, mittendrin schwimmen lauter Tupfer, die fast so aussehen, wie wir Sterne am Abendhimmel. Nur ein bisschen grüner...«

»Das sind Inseln«, erklärt der Weihnachtsstern. Und dann zählt er ihre Namen auf: Taiwan und die Philippinen, Palawan in der Sulusee, Borneo und Java und Sumatra, Sulawesi und die Molukkeninseln, schließlich Neuguinea, das mit seiner südlichsten Spitze eine Insel berührt, die so riesig ist, dass sie ein richtiger Kontinent ist, zwar der kleinste auf der Welt, aber immerhin. Dieser Kontinent heißt Australien. Elli klatscht vor Freude ihre Knitterzacken aneinander. Da dreht Uli, der Engel, sich achselzuckend um. Seine Freundin Elli ist ja fast schon wieder bei den Menschen. Aber diesmal ohne ihn. Und das ist wohl auch besser so, denn schon wieder landen Elli und der Weihnachtsstern zwischen Kuchen und Plätzchen, Würsten und Käsebrötchen, Limonadenflaschen und Kakaotüten. Alles ist säuberlich auf einem Tisch neben einer froschgrünen Gummitasche aufgebaut. Eine Frau legt hartgekochte Eier dazu und eine Tüte Äpfel. Dann schaut sie prüfend über den Tisch.

»Jetzt nur noch die Kerzen«, murmelt sie und sortiert alles zusammen in die Tasche. Vorsichtig lugt Elli hinein. Aber sofort zieht sie ihre Strahlenspitze zurück.

»Ih, in der Tasche ist es ja genauso eisig wie in Schweden«, quietscht sie. Der Weihnachtsstern lacht.

»Das ist ja auch eine Kühltasche. Die Frau kann ja die Lebensmittel nicht einfach hier liegen lassen. Was glaubst du, wie schnell die sonst verderben, so heiß wie es hier ist.«

Elli hat schon selber gemerkt, dass hier eine ordentliche Hitze herrscht. Bestimmt tausend Grad im Schatten.

»Nicht ganz«, schmunzelt der Weihnachtsstern, »aber vielleicht so um die 35. Das ist für die Menschen schon ziemlich viel.«

»Und warum lässt die Frau nicht alles im Kühlschrank?«

»Weil sie nicht den ganzen Kühlschrank mitnehmen kann«, sagt der Weihnachtsstern.

»Will sie denn weg? Wohin denn und warum braucht sie da so viel zu futtern?«, fragt Elli. Sie muss sich schon sehr über die Menschen wundern. Doch der Weihnachtsstern lacht schon wieder. »Also, es ist so...«, setzt er an.

Aber da stürzt plötzlich ein Junge herein. Er springt um die Frau und den Tisch und die Kühltasche herum wie ein wild gewordener Blitz aus der stürmischsten Gewitterwolke.

»Dauert es noch lange? Wann geht es endlich los? Hast du auch Bonbons und die Kerzen ...«, quengelt er.

»Hallo, John, ich bin gleich fertig«, beruhigt ihn seine Mutter. »Hast du selber die Badesachen eingepackt? Und die Frisbeescheibe und den Bumerang?«

»Klar«, schreit John, »ist alles schon im Auto.«

»Und das wartet längst auf euch«, sagt ein Mann.

Unbemerkt ist er in die Tür getreten. Das ist bestimmt Johns Vater, vermutet Elli. Die drei sind also eine richtige Familie. Und was haben sie jetzt vor?

»Weihnachten feiern«, grinst der Weihnachtsstern. Er winkt Elli, ihm zu folgen, und huscht den Menschen nach. John sitzt schon auf dem Rücksitz neben Kühl- und Badetasche. Elli quetscht sich schnell hinterher. Sie leuchtet ein bisschen in Johns Augen und über den blanken Lack des Autos. Nur in den Rückspiegel darf sie sich nicht setzen und auch nicht auf die Windschutzscheibe. Sonst blendet sie nämlich Johns Papa, der das Auto steuert. Und dann sieht er nicht richtig. Und wenn ein Autofahrer nicht richtig sieht, dann können schlimme Sachen passieren. Also bleibt Elli hübsch brav in der Nähe des Weihnachtssterns und ganz dicht bei dem Jungen, der seine Nase an die Fensterscheibe drückt. Elli kann gut neben ihm vorbei nach draußen schauen.

Zuerst sausen sie durch die Stadt hinaus auf eine staubige Landstraße. Flaches, dürres Land dehnt sich bis zum Horizont, wo ein paar knorrige Bäume ihre Äste in den glühenden

Himmel strecken. Die Luft flimmert vor Hitze und Horizont und Bäume verschwimmen in einem grauen Dunst.

»Wie in der Wüste«, murmelt der Weihnachtsstern.

Er muss es wissen, denn er hat ja schon einmal eine Wüste überflogen, damals vor 2000 Jahren, als Jesus auf die Welt kam.

»Da hatten die Menschen es nicht so bequem wie heute, da gab es nämlich noch keine Autos«, flüstert er dem kleinen Stern Elli zu. »Damals schaukelten die Wüstenwanderer auf Kamelen. Die drei weisen Männer, die mir durch die Wüste bis nach Bethlehem gefolgt sind, reisten jedenfalls so. Ich hab dir doch von ihnen erzählt, nicht wahr?«

»Ja, Kaspar, Melchior, Balthasar«, erinnert sich Elli.

»Ich weiß nicht, ob das wirklich ihre Namen waren«, gibt der Weihnachtsstern zu, »kann auch sein, dass sie Klaus, Michael und Bernd hießen oder Carlos, Michele und Binou oder Knut, Mitchiko und Bobby. Egal, Hauptsache, sie sind auf dem Weg zu Jesus. Die drei Könige waren es jedenfalls mitsamt einer großen Karawane.«

»Genauso wie wir«, sagt Elli und stupst gegen das Fenster. Tatsächlich, hinter ihnen zieht sich eine lange Autoschlange durch die Landschaft und je weiter sie fahren, umso mehr Autos schließen sich an. Ob die wirklich alle zu Jesus wollen?

»Jedenfalls wollen sie alle Weihnachten feiern, was eigentlich fast dasselbe ist«, meint der Weihnachtsstern.

»Die Australier feiern Weihnachten wohl im Auto«, kichert Elli. Der Weihnachtsstern schüttelt seine Zacken. Doch erklären braucht er diesmal nichts, denn nun biegt ihr Auto auf einen riesigen Parkplatz. Kaum hält Johns Papa an, da klettert John sofort ins Freie, die Badetasche unterm Arm und die Kühltasche hinter sich her zerrend. Gut, dass sein Papa sie ihm gleich abnimmt. Er schließt das Auto ab, nimmt John an die Hand und stapft mit ihm zusammen hinter der Mama her.

»Wo wollen die denn hin? Und dann auch noch mit Badesachen? Also wirklich ... Badesachen in der Wüste ...« Elli kann sich nur wundern. Doch der Weihnachtsstern hält seine Sternennase in die Luft und schnuppert. »Riechst du nichts?«, fragt er.

Doch, plötzlich spürt auch Elli den feuchten Hauch von Salz und Tang und Weite. »Das Meer«, ruft sie.

»Das Meer«, ruft auch John, reißt sich von der Hand seines Vaters los und stürzt davon, Elli natürlich lichtgeschwind hinterher. Sie flitzen zusammen über einen kilometerweiten Sandstrand, auf dem jedes Körnchen im Licht der hellen Australiensonne funkelt wie ein Stern.

»Und dabei gibt es kein einziges Körnchen, das einem anderen gleicht«, flüstert der Weihnachtsstern.

»Und kein Stern gleicht dem anderen und genauso gibt es auch jeden Menschen nur ein Mal auf der ganzen Welt«, lacht der kleine Stern Elli und schießt seine Sternenstrahlen in alle Richtungen gleichzeitig. Denn fast so, wie es vor lauter Sandkörnern wimmelt, tummeln sich wie auf einem Jahrmarkt mindestens Millionen Menschen auf dem Strand.

»Nicht Millionen, aber vielleicht ein paar Hundert«, meint der Weihnachtsstern.

»Und was machen die hier?« möchte Elli wissen.

»Weihnachtspicknick«, antwortet der Weihnachtsstern.

Elli weiß nicht, was ein Picknick ist. So etwas hat sie nämlich im Himmel noch nie erlebt. Da bleibt ihr wohl nichts anderes übrig, als sternenstrahlengenau zu beobachten.

Als erstes hocken die Menschen sich in Gruppen in den warmen Sand. Fast jede dieser Guppen hat eine Kühltasche dabei. Johns Mama zieht gerade den Reißverschluss an ihrer froschgrünen Tasche auf. Und dann holt sie einen Leckerbissen nach dem anderen hervor. Sogar einen dicken Schokoladennikolaus hat sie eingepackt. John beißt ihm gleich die Mütze ab. Und dann macht er sich über Würstchen und Käsebrötchen und Eier und Kuchen her. Alles schmeckt prima. Das sieht Elli an seinen vollen Backen und leuchtenden Augen. Auch Mama und Papa langen kräftig zu. Danach spielen Papa und John mit der Frisbeescheibe und werfen den Bumerang. Mama spaziert zwischen den Menschen hindurch und hält nach Bekannten Ausschau. Natürlich entdeckt sie auch gleich ein paar. Und während sie mit ihnen schwatzt, schlüpfen Papa und John in ihre Badehosen. Ein paar Kinder planschen schon im Meer. Nun hüpfen auch Papa und John hinein. Das muss eine herrliche Abkühlung sein. Sogar Elli taucht vorsichtig einen Sternenstrahl in die Wellen. Aber was ist denn nun schon wieder los? Plötzlich, als wäre gerade ein Hai aufgetaucht, stürzen die Kinder aus dem Wasser und rennen so pudelnass wie sie sind über den heißen Sand bis an den Rand der Straße. Da stehen sie dicht aneinandergereiht, in Badehose und Gummilatschen und blicken gespannt nach links und nach rechts. Hinter ihnen drängeln sich die Erwachsenen und legen ihren Kindern Handtücher oder T-Shirts über die Schultern, damit die Sonne sie nicht verbrennt. Auch Johns Papa und seine Mama stehen ganz nah bei ihrem Jungen.

Was es wohl zu sehen gibt? Elli blitzt über Johns Schulter die Straße hinunter.

»Eine Karawane«, ruft sie, »jetzt kommen die drei heiligen Könige, Weihnachtsstern, die haben dich bestimmt entdeckt.«

»Nein, jetzt kommen die Weihnachtsmänner«, lacht der Weihnachtsstern. Und da trompeten sie auch schon heran. Eine ganze Kompanie, in roten langen Mänteln, weißen Bärten und wippenden Zipfelmützen. Ordentlich heiß muss es ihnen darunter sein. Trotzdem marschieren sie zackig im Gleichschritt und machen dabei tolle Blasmusik. Hinter ihnen zieht ein Traktor einen schweren, offenen Wagen. Und auf dem Wagen sitzen Menschen, die aussehen wie Maria und Josef, zwischen ihnen steht die Krippe mit dem Jesuskind und drumherum knien die Hirten und .... sieh da, triumphiert der kleine Stern Elli, ... die drei heiligen Könige mit Kronen auf dem Kopf und Zepter in der Hand und allem drum und dran sind auch dabei. Sogar Kisten tragen sie vor sich her. In denen stecken bestimmt die Geschenke für Jesus: Gold, Weihrauch und Myrrhe.

»Gold, weil Jesus der König ist«, erklärt der Weihnachtsstern,

»Weihrauch ist eine Duftmischung aus Harz, Lavendelblüten und Zimtrinde. Früher, wenn die Menschen zu Gott beteten, verbrannten sie Weihrauch. Also brachten die Weisen Weihrauch zu Jesus, weil sie wussten, dass er von Gott kommt.«

»Und Müre?« wispert Elli.

»Es heißt Myrrhe«, sagt der Weihnachtsstern, »Myrrhe ist ein bitter riechendes Öl. Die Weisen schenkten es Jesus, weil Jesus wie ein Mensch starb. Und Sterben ist nun einmal bitter.«

»Wie ein Mensch«, grübelt Elli, »dabei war Jesus doch Gottes Sohn.«

»Ja, beides zugleich«, nickt der Weihnachtsstern, »das ist ein richtiges Geheimnis.«

Darüber muss Elli nachdenken. Doch jetzt kommt sie nicht dazu, denn plötzlich ruft John aufgeregt: »Ich möchte zu gern wissen, was in den Kisten der drei heiligen Könige steckt.«

»Geheimnis«, lacht sein Vater. Elli könnte es ihm ja erklären. Braucht sie aber nicht, denn jetzt öffnet einer der Könige auf dem Wagen seine Schatzkiste, greift hinein, und schleudert in hohem Bogen ... Gold etwa? Nein Bonbons. Tausend Bonbons schwirren über die Köpfe der Kinder und prasseln zwischen ihnen in den Sand. Sofort beginnt ein Gejohle und ein Sammeln und Horten. Alle bekommen mehr als genug. Doch der Weihnachtsumzug ist noch lange nicht vorüber. Nun kommen Hirten, die ganze Schafherden vor sich her treiben, hinter ihnen noch ein paar Weihnachtsmänner und schließlich eine ganze Schar Engel. Der kleine Engel Uli ist leider nicht dabei.

»Uli ist ja auch ein echter Engel«, sagt der Weihnachtsstern, »aber diese sind ...«

»... verkleidete Menschen«, weiß Elli, »aber singen tun sie fast so schön wie die richtigen Engel im Himmel.«

Tatsächlich, silberhell und glockenrein klingen die schönsten Weihnachtslieder über den Strand. Und je mehr Engel vorüberziehen, umso mehr Kinder stimmen mit ein. Zum Schluss singen alle miteinander, auch die Mamas und Papas und das klingt erst recht wie im Himmel. Der bunte Weihnachtszug ist längst vorüber, die Sonne neigt sich schon zum Horizont und taucht rotglühend ins Meer. Die ersten Sterne blitzen am Weihnachtshimmel auf. Da singen die Menschen immer noch. Singend wandern sie zurück zum Strand, singend packen sie ihre mitgebrachten Kerzen aus und jeder zündet seine an, bis der Strand so hell funkelt wie der Sternenhimmel. Stolz hält John seine Kerze in die Höhe und laut fällt er mit ein: »O du fröhliche, o du selige.«

»Ja, das war heute wirklich ein fröhlicher Tag«, nickt sein Papa.

»Es ist ja auch Weihnachten«, flüstert Johns Mama zurück.

»Wie im Himmel, so auf Erden«, raunt der Weihnachtsstern.

Auf der Erde ist Weihnachten ziemlich verschieden, findet Elli, und die Menschen sind es auch. Gott sei Dank.

 *Bastel eine Königskiste.*
Dazu reiß Geschenkpapier oder bunte Servietten in kleine Schnipsel. Kleb sie mit Kleister so auf eine Metalldose (Kaffeebüchse oder Keksdose oder ähnliches), dass sich die Kanten überlappen. Du kannst auch Zeitungspapier oder bunte Seiten aus einer Illustrierten benutzen. Je dicker das Papier ist, um so deutlicher treten die Konturen der Schnipselkanten hervor.
Wenn der Kleister trocken ist, überzieh alles mit Klarlack.
In der fertigen Dose kannst du ein Geheimnis aufbewahren oder sie zu Weihnachten verschenken.

Venezuela

Carmen und die Mitternachtsfeier

»Weihnachten ist wirklich der allerfröhlichste Tag«, freut sich das Sternchen Elli.

»Wie im Himmel, so auf Erden«, schmunzelt der Weihnachtsstern, »komm mit, dann zeig ich dir, wo es so ausgelassen zugeht wie im Himmel, wo gesungen wird und...«

»Gesungen wird überall auf der Erde«, unterbricht ihn Elli, »aber im Himmel wird auch noch getanzt, jedenfalls wir Sterne tanzen vor lauter Weihnachtsfreude am Abendhimmel.«

»Manche Menschen tun das auch, jedenfalls in Südamerika. Ich kann dir sagen«, der Weihnachtsstern zuckt aufgeregt mit seinem Schweif, so als wollte er selber gleich über die Wolken wirbeln, »die Südamerikaner, die haben erst mal Temperament.«

»Was ist denn Temperament?«, will Elli wissen.

»Das ist, wenn sich einer so richtig begeistern und mitreißen lässt, wenn er tut, wonach ihm zumute ist«, erklärt der Weihnachtsstern.

»Und den Südamerikanern ist nach Tanzen zumute?«

Der Weihnachtsstern nickt. »Da sind sie uns ziemlich ähnlich.«

»Die würde ich gerne kennen lernen«, wünscht sich Elli.

»Dann auf nach Südamerika«, lacht der Weihnachtsstern, dreht seinen Sternenreisestrahl so hell auf wie das Sonnenlicht und schießt auch schon los. Elli saust blitzgeschwind hinterher. Zuerst flitzen sie über eine riesige Wasserfläche, die Atlantischer Ozean heißt. Dabei lassen sie Neuseeland rechts und die Fidschi-Inseln links liegen, blicken auf die winzigen Inseln von Französisch Polynesien herunter, die im Meer verstreut sind wie Kuchenkrümel auf einer blauen Tischdecke, und schwirren über die Osterinsel hinweg.

»Ob es auch eine Weihnachtsinsel gibt?«, überlegt Elli.

»Ja, die gibt es, und zwar im Indischen Ozean kurz vor Java. Aber eigentlich ist Weihnachten überall«, sagt der Weihnachtsstern, »jedenfalls überall da, wo Gott ist.«

»Auch in Südamerika?«

Elli kann es kaum erwarten. Ein Glück, dass Sternenreisestrahlen so schnell sind wie das Licht. So funkeln die beiden nämlich schon nach einem winzigen Augenblick über Südamerika. Südamerika ist ziemlich groß. Es gehören eine Menge Länder dazu, genau genommen zwölf. Elli würde am liebsten alle besuchen. Doch der Weihnachtsstern meint: »Besser, sich nur eines in Ruhe anzuschauen, als alle in einem Rutsch. Sonst bekommst du von jedem nur eine Kleinigkeit mit.« Prüfend blickt er sich in Südamerika um und bleibt schließlich in Venezuela hängen. Denn dort verfängt sich sein Sternenreisestrahl im schwarzen Wuschelschopf eines Mädchens, das so fröhlich auf und nieder hopst, dass ihre Haare in alle Richtungen auf einmal fliegen. Aber sie hopst nicht nur, sie zappelt so ungeduldig herum, als würde sie auf etwas ganz Wichtiges und Besonderes warten. Was das bloß ist? Der Weihnachtsstern verheddert sich schon richtig in ihren Locken. Aber das macht ihm überhaupt nichts aus. Eigentlich jucken ihm nämlich schon die ganze Zeit seine Tanzzacken. Nun freut er sich, dass er ein bisschen mit herumtoben kann.

»Ich wusste gar nicht, Weihnachtsstern, dass du so viel Temperament hast«, kichert das Sternchen Elli. Und weil von überall lustige Musik heranweht, dreht Elli sich auch gleich ein bisschen mit im Takt. Trommeln schlagen und Flöten pfeifen. Und zwischendrin klingen ausgelassene Lieder. Doch plötzlich platzt eine energische Frauenstimme dazwischen.

»Carmen«, ruft sie, »Carmen, denk nicht dauernd an Mitternacht. Hilf mal lieber. Bald gibt es die Akinaldos und wir sind immer noch nicht fertig. Hast du schon dein neues Kleid an? Und schau doch mal nach der Hallaca. Sie darf auf keinen Fall verbrennen. Carmen, wo bleibst du denn? Der Chamisu hängt immer noch nicht, dabei habe ich dir doch gesagt, dass du... Meine Güte, Carmen, heute ist Weihnachten und du ...«

»Ja, Mama«, lacht Carmen«, deshalb bin ich ja so aufgeregt... hei, hei, hopsassa, heute ist Weihnachten. Und ich darf ... ach, wäre es bloß schon Mitternacht.«

Carmen springt wie ein Pferdchen quer durch die Hacienda. So nennt man in Venezuela die Häuser. Und der Weihnachtsstern tanzt dazu in ihren Haaren. Elli kommt kaum hinterher. Sie ist ganz verwirrt von den vielen fremden Worten. Kein Stern weiß, was Akinaldos sind. Von Hallaca und Chamisu hat Elli auch noch nie gehört. Und weshalb freut Carmen sich so auf Mitternacht? Aber der Weihnachtsstern beantwortet Elli keine einzige Frage. Statt dessen flitzt er wie ein Wirbelwind mit dem Mädchen durch Flure und Zimmer. Zackenschüttelnd hastet Elli hinterher. Erst vor einer Tür, die so offen steht wie der Himmel, hält Carmen an. Von drinnen fordert ihr Papa sie auf, mal schnell mit anzufassen. Er schiebt gerade sämtliche Stühle, ein rotes Plüschsofa, einen Tisch und sogar eine Vitrine und einen Bücherschrank aus dem Zimmer heraus.

»Wenn du mir hilfst«, grinst er, »dann wird es bestimmt schneller Mitternacht.«

Da zerrt und zieht Carmen sofort kräftig mit. Zum Schluss ist das Zimmer so leer wie eine Regenwolke nach einem Gewitter. Warum machen die beiden das bloß? Carmens Papa gibt die Antwort, obwohl er nichts von den zwei Sternenstrahlen weiß. Er wundert sich zwar, warum es plötzlich so hell geworden ist. Vielleicht, weil Carmens Augen strahlen wie zwei Scheinwerfer, oder ist es vielleicht die Weihnachtsfreude? Wo die ist, da wird es nämlich so hell, als hätte einen ein Sternenstrahl gestreift.

»Nun haben wir Platz für die Krippe«, sagt er, »nun kann es Weihnachten werden.«

Elli nickt begeistert. Klar, zu Weihnachten gehört natürlich die Krippe mit Jesus und Maria und Josef, die Hirten mit ihren Schafen, die drei heiligen Könige, ein paar Engel und der Weihnachtsstern. Der schimmert schon aus allen Zimmerecken.

»Prima, dass die Venezolaner Platz schaffen für die Krippe«, freut er sich, »da kann man mal sehen, wie wichtig ihnen Jesus ist.«

Elli freut sich auch. Aber ob wirklich alle Venezolaner ...?

»Sicher«, nickt der Weihnachtsstern, »alle, sogar die aller-aller-allerärmsten räumen einen Winkel für Jesus frei.«

»Dann gibt es in Venezuela bestimmt keine Hotelwirte«, verkündet Elli und weil der Weihnachtsstern verdutzt in die rechte obere Zimmerecke fährt, fügt sie schnell hinzu: »Die Venezolaner haben jedenfalls Platz für Jesus. Aber die Hotelwirte damals, als Jesus geboren wurde ... also, die haben nicht mal eine Rumpelkammer für Jesus frei gemacht.«

Der Weihnachtsstern schüttelt seinen Schweif. »Die Wirte wussten doch nichts von Jesus, sondern nur von Maria und Josef. Außerdem sind so viele Menschen nach Bethlehem gekommen, dass alle Zimmer und sogar die kleinsten Kämmerchen schon besetzt waren. Selbst in Höfen und Gärten mussten sich die Menschen lagern. Elli, ich habe dir doch erzählt, dass jeder, der aus Bethlehem stammte, dorthin wandern musste, um sich zählen zu lassen.«

»Ja, ja, ich weiß, der Kaiser Augustus wollte wissen, wie viel Menschen in seinem Land lebten«, winkt Elli ab, »trotzdem, wenn schon alle Gästezimmer belegt waren, dann hätten die Wirte ja ihr Schlafzimmer oder Wohnzimmer oder ihre Küche oder ... naja, jedenfalls irgendeinen Raum ausräumen können. Also wirklich, wo Maria doch schwanger war. Wie konnten sie sie mit ihrem dicken Bauch bloß auf der Straße stehen lassen?«

»Haben sie ja nicht«, widerspricht der Weihnachtsstern, »ein Wirt zeigte ihnen ein warmes Plätzchen, wo sie und Josef übernachten konnten.«

»Einen Stall«, empört sich das Sternchen Elli, »einen engen, stinkenden Stall. Die Venezolaner dagegen, die räumen ein ganzes Zimmer aus, weil Jesus ...«

»Sie wissen ja auch von ihm«, unterbricht ihn der Weihnachtsstern, »die wissen sogar, dass er Gottes Sohn ist.« Langsam wird er fast so ungeduldig wie Carmen. Die stellt längst zusammen mit ihrem Papa die Krippe auf. Die ist farbenfroh und so groß, dass sie das ganze leergeräumte Zimmer ausfüllt. Elli sollte sich lieber, anstatt sich über die Gastwirte in Bethlehem zu ärgern, über Carmen und ihren Papa freuen.

»Die wissen nämlich, dass Weihnachten kommt«, sagt er. Und Carmens Papa meint auch: »Jetzt kann es Weihnachten werden.«

Da weiß Carmen, dass Mitternacht ein Stückchen näher herangerückt ist und gleich fängt sie wieder an zu singen. Und still stehen kann sie auch nicht. Schon wirbelt sie herum wie ein Gummiball. Da ruft wieder ihre Mutter nach ihr: »Carmen, denk an den Chamisu.«

Ach ja, richtig. Carmen hat schon vor Tagen einen knorrigen Ast gesucht und ihn mit weißer Farbe angepinselt. Die Farbe ist längst trocken. Nun muss sie den Zweig schmücken. Sie behängt ihn mit bunten Bändern und glänzenden Kugeln.

»Fast wie ein klitzekleiner Weihnachtsbaum«, findet Elli.

»In Venezuela gibt es eben kaum Tannen«, erklärt der Weihnachtsstern, »da haben sich die Leute den Chamisu ausgedacht. Der von Carmen gefällt mir sehr. Nun hängt sie ihn über die Tür, da kann ihn jeder sehen, der am Haus vorbeikommt.«

Elli lacht: »Und dann weiß er, dass Weihnachten ist. Und ich, ich weiß, was Chamisu bedeutet. Aber was ist ein Akinaldo? Und was eine Hallaca?«

»Akinaldo«, beginnt der Weihnachtsstern. Aber da wird er von einem ohrenbetäubenden Krachen, Zischen und Dröhnen unterbrochen. Ringsum knallt es plötzlich so laut, als würde jemand ganz Venezuela in die Luft sprengen.

»Das sind Knallkörper«, schreit der Weihnachtsstern in den Lärm hinein, »die kündigen die Akinaldos an.«

Weiter kommt er nicht, denn schon kracht es wieder wie bei einem Gewitter. Carmen scheint das toll zu finden. Sie lacht und klatscht dabei in die Hände.

»Akinaldos sind Geschenke«, brüllt der Weihnachtsstern.

Ach so, deshalb freut Carmen sich so. Was sie wohl bekommt? Das erfährt Elli noch lange nicht, denn nun winkt ihr der Weihnachtsstern. »Komm mit in die Küche.«

»Na gut«, nickt Elli, »vielleicht ist es da ja ein bisschen leiser. Und vielleicht gibt es dort die Akinaldos.«

Nein, gibt es nicht, sondern in der Küche brutzelt die Hallaca. Hallaca sind Fleischstücke in Maisteig, eingewickelt in Bananenblätter. Stundenlang köcheln sie auf einem offenen Kohlenfeuer. Deshalb also sollte Carmen nach ihnen schauen. Wäre doch schade, wenn das leckere Weihnachtsessen verbrennen würde. Carmen piekt mit einem Spieß hinein.

»Alles in Ordnung«, ruft sie ihrer Mutter zu.

»Dann kannst du schon die Schokolade kochen«, schlägt ihre Mutter vor.

Hm, heiße Schokolade. Sterne haben ja niemals Hunger oder Durst. Aber Appetit schon, besonders, wenn es so etwas Leckeres wie Schokolade gibt. Aber was macht Carmen denn da? Brrr… Elli schüttelt sich. Carmen streut tatsächlich Pfeffer und Salz in die Schokolade. Hoffentlich schimpft ihre Mutter deswegen nicht mit ihr. Nein, tut sie nicht. Als sie vorsichtig von dem heißen Getränk probiert, lobt sie sogar ihr Mädchen.

»Prima abgeschmeckt«, sagt sie und streicht Carmen übers Haar.

»Aber nun zieh dir dein neues Kleid an, damit wir hinausgehen und mit allen Nachbarn und Freunden Lechosa trinken können.«

Lechosa ist nicht bitter und heiß wie Schokolade, sondern süß und kalt. Carmens Mama hat es aus Früchten zubereitet, die aussehen wie Minikürbisse. Zuerst hat sie sie in Zuckerwasser gekocht und dann mit Eis abgekühlt. Lechosa schmeckt herrlich erfrischend. Und eine Erfrischung werden Carmen, Mama, Papa und alle Freunde nötig haben, wenn sie nachher vom Feiern und Tanzen erhitzt sind. Aber vorher muss Carmen sich natürlich richtig weihnachtlich anziehen. Dieses Jahr will sie besonders festlich aussehen, denn heute um Mitternacht wird sie selber eine ganz besondere Rolle spielen. Und die ist tausendmal wichtiger als alle Akinaldos der Welt. Ach, Carmen ist ja so aufgeregt. Sofort rennt sie in ihr Zimmer. Die funkelnagelneuen Sachen, die Mama ihr extra zu Weihnachten gekauft hat, liegen schon säuberlich auf ihrem Bett ausgebreitet. Sie braucht nur hineinzuschlüpfen. Dann saust sie schnell wie ein Sternenstrahl zurück zu Papa und Mama. Die begrüßen schon mit lautem Hallo jeden, der vor ihrem Haus vorübergeht, teilen Lechosa aus und tanzen und singen wie Kinder. Carmen, Elli und der Weihnachtsstern mischen sich zwischen das fröhliche Treiben. Lustig geht es zu wie im Himmel und laut wie auf der Erde. Elli findet das himmlisch. Und vor lauter Fröhlichkeit vergisst sie fast, dass sie eigentlich ein unsicheres, scheues kleines Sternchen ist. Wenn einer nämlich richtig ausgelassen ist, dann kann er gar nicht schüchtern bleiben. Elli jedenfalls feiert genauso begeistert wie Carmen. Doch plötzlich dröhnen zwölf dumpfe Schläge in den Weihnachtstrubel. Die Kirchturmuhr schlägt Mitternacht. Da verstummt die Musik, ringsum wird es still. Nur Carmens Mama summt noch ein Liedchen und ihr Papa brummt die Unterstimme dazu. Doch Carmen legt ihren Finger auf die Lippen.

»Jetzt kommt bald Jesus«, haucht sie. Und sie muss es wissen, denn dieses Jahr hat sie selber damit zu tun.

Und plötzlich, gerade so, als hätten sie sich verabredet, stellen die Menschen sich in einer Reihe auf, mittendrin Carmen und ihre Eltern.

»Jetzt gehen sie zur Mitternachtsmesse«, wispert der Weihnachtsstern.

Schon marschiert der Zug los. Elli lässt ihn kein sternensekündchen aus den Augen, auch nicht, als alle so leise wie der Abendwind die Kirche betreten und sich still auf den Plätzen verteilen. Und dann geht der Priester zum Altar, vor dem eine schöne Krippenlandschaft aufgebaut ist, und liest die Weihnachtsgeschichte. Aber Elli hört kaum hin, denn erstens kennt sie die Weihnachtsgeschichte schon sternenstrahlengenau, und zweitens muss sie dauernd zur Krippe hinleuchten. Da fehlt doch was, da fehlt doch was, denkt sie. Und dann bemerkt sie es: Owei, die Krippe ist ja leer. Kein Jesus weit und breit. Die Menschen können doch nicht ohne ihn Weihnachten feiern! Und Carmen ist plötzlich auch verschwunden.

»Die beiden werden schon kommen«, beruhigt sie der Weihnachtsstern. Und tatsächlich öffnet sich plötzlich die Kirchentür. Langsam und sehr feierlich schreitet Carmen durch den Mittelgang zum Altar. Auf ihren Armen hält sie eine Figur, die aussieht wie ein Baby. Ganz vorsichtig trägt sie sie nach vorne und legt sie in die Krippe.

Elli seufzt erleichtert. Und der Weihnachtsstern schmunzelt:

»Na bitte, nun hat Jesus Platz bekommen, mitten unter den Menschen...«

 *Das Rezept für eine Lechosa kann ich dir leider nicht verraten, denn ich weiß nicht, wo es die kleinen Kürbisfrüchte gibt. Aber nachdem du im Atlas nachgeschaut hast, wo Elli und der Weihnachtstern schon überall gewesen sind, kannst du mal »Eis und Heiß« ausprobieren:*
Zuerst die Erfrischung »Eisberg«:
Feuchte den Rand eines hohen Glases an und stippe es in Zucker. Dann fülle das Glas zur Hälfte mit Orangensaft, zur Hälfte mit Maracujasaft, 1 kräftiger Spritzer Zitronensaft, 1 Spritzer Pfefferminzsirup, Eiswürfel dazu. Dekorier den Glasrand mit 1/2 Orangenscheibe.

Nun das »Abendrot« zum Aufwärmen:

1/3 Teil Orangensaft, 1/3 Teil Pfirsichnektar, 1/3 Teil schwarzer Johannisbeersaft, zusammen kurz aufkochen lassen, mit Zitronensaft abschmecken. Guten Appetit.

Mexiko

Miguel und die Weihnachtsherberge

»Feliz navidad«, schnauft Doña Lukrezia über den Frühstückstisch hinweg. Ihr Mann, den alle Don Roberto nennen, blickt erstaunt von seiner Zeitung auf. Ach ja, richtig, heute ist ja Weihnachten. Das hätte ihm längst auffallen müssen. Schon seit Tagen, genau genommen seit dem 15. Dezember, marschieren Kinder durch die Straßen, tragen Holzplatten mit kleinen Tonfiguren auf den Schultern und klopfen an sämtliche Haustüren, an denen sie vorüberkommen. Weshalb ist seine Frau bloß so ärgerlich darüber?

»Weil es eine fürchterliche Bettelei ist«, schimpft sie.

»Aber nein«, sagt Don Roberto, »die Kinder betteln nicht, sie suchen Posada. Und wenn dabei eine Kleinigkeit für sie abfällt, dann ist das doch eigentlich ganz schön.«

Posada ist ein spanisches Wort und es bedeutet Herberge. Don Roberto und seine Frau Lukrezia leben aber nicht in Spanien, sondern in Mexiko. Ein Glück, dass die Menschen in Mexiko Spanisch verstehen. So wissen sie nämlich, was eine Posada ist. Natürlich weiß das auch Doña Lukrezia. Trotzdem keift sie:

»Haben sie denn kein eigenes Zuhause?«

Don Roberto seufzt. »Manche nicht. Und außerdem suchen sie ja nicht für sich selber eine Herberge.«

»Das weiß ich auch«, schimpft Doña Lukrezia.

»Na also«, brummt ihr Mann.

Er faltet seine Zeitung zusammen und erhebt sich schwerfällig. Er wird jetzt ins Büro gehen. Das müsste er heute eigentlich nicht, denn heute ist Weihnachten. Aber Don Roberto hat keine Lust, zu Hause zu bleiben. Er mag sich nämlich nicht länger mit seiner Frau herumstreiten. Schade, dass sie so schlecht gelaunt ist. Dabei kann sie manchmal ganz nett sein. Don Roberto seufzt noch einmal. Am besten, er sagt jetzt lieber nichts mehr. Vielleicht hat sich Doña Lukrezia, bis er heute Abend nach Hause kommt, wieder beruhigt. Vielleicht kann er sie dann sogar für das Feuerwerk begeistern, das heute Nacht über der Stadt in den Himmel steigen wird, und vielleicht auch für die Musik, die über die Plaza schallen wird, sobald die Dämmerung hereinbricht. Don Roberto jedenfalls wartet jedes Jahr darauf, dass die Leute sich mit ihren Gitarren und Trommeln, Geigen und Flöten auf der Plaza versammeln und gemeinsam die schönen alten Weihnachtsmelodien singen. Hoffentlich geht seine Lukrezia heute Abend einmal mit hinaus. Er weiß genau, dass sie Musik mag. Und Menschen, die Musik mögen, bleiben bestimmt nicht ewig brummig, schon gar nicht, wenn man sie mal eine Weile in Ruhe lässt. Deshalb ist es wohl am besten, wenn Don Roberto jetzt sofort ins Büro geht.

Don Roberto arbeitet für eine große Autofabrik. Dort verdient er eine Menge Geld. Deshalb kann er auch in einem riesig großen Haus mit vielen Schlafzimmern, Bädern und sogar einem Frühstückszimmer wohnen. So gut haben es nicht viele Leute in Mexiko. Entweder die Mexikaner sind so reich wie er oder so arm wie die Familie Terzero. Nein, manche sind sogar noch ärmer. Die Terzeros haben wenigstens ein Dach über dem Kopf. Sie wohnen in dem kleinen, windschiefen Häuschen, das hinten in Don Robertos Garten steht. Da teilen sich Vater, Mutter und sechs Kinder einen einzigen Raum. Die Mutter putzt Doña Lukrezias und Don Robertos riesiges Haus und der Vater hält ihren Garten in Ordnung. Oft hilft ihm dabei sein Sohn Miguel. Miguel ist mit seinen elf Jahren der Älteste der Terzero-Kinder und schon richtig tüchtig. Wenn er nicht gerade zusammen mit seinem Papa Rasen mäht, Hecken stutzt oder Unkraut aus den Blumenbeeten zupft, dann sitzt er mit einem kleinen Holzkasten voller Bürsten, Lappen und Wichse vor dem großen Plaza Hotel und putzt den reichen Leuten die Schuhe bis sie glänzen wie ein Spiegel. Auch Don Roberto hält ihm gerne seine Schuhe hin, wenn er mal zu Fuß zur Arbeit spaziert. Dann führt sein Weg nämlich direkt am Plaza Hotel vorbei. Und weil er auch heute zu Fuß ist, entdeckt er Miguel natürlich sofort. Ganz schüchtern hockt der auf den untersten Stufen der breiten Eingangstreppe. Ein langer Zug von Kindern schlängelt sich an ihm vorbei. Sehnsüchtig blickt Miguel ihnen hinterher.

»Weil er sicher mit ihnen gehen möchte«, flüstert Don Roberto vor sich hin. Denn natürlich werden die Kinder nach Posada fragen. Schließlich tragen sie ja Maria und Josef mit sich herum. Don Roberto entdeckt sogar einen kleinen Esel. Und schimmert da nicht auch ein Stern über ihnen? Vielleicht sogar der Weihnachtsstern höchstpersönlich?

»Er hat dich entdeckt«, kichert das Sternchen Bellatrix.

Sie ist zusammen mit dem Weihnachtsstern auf Weltweihnachts-Reise. Während die blaue Erde sich im Weltall dreht wie ein Wasserball auf einem Springbrunnen, schauen die beiden mit ihren Sternenstrahlen auf eine Menge Länder herunter. Und nun blicken sie auf Mexiko, und zwar genau auf die Treppe, die ins Plaza-Hotel führt. Kein Wunder, dass sie sofort auf Maria und Josef leuchten, auch wenn die nur aus Ton sind. Aber bei Maria und Josef fühlt sich der Weihnachtsstern gleich wie zu Hause. Denn schließlich hat er in der ersten Weihnachtsnacht auch schon über ihnen gestanden. Und nun strahlt er noch ganz nebenbei auf ein trauriges braunes Jungengesicht.

»Schade, dass der Junge so betrübt ist, wo doch heute der Himmel und dazu alle Welt Weihnachten feiern«, seufzt das Sternchen Bellatrix. Sie weiß ziemlich genau, wie traurig es ist, traurig zu sein. Da ist es gut, wenn einer freundlich mit einem redet, so, wie es der Weihnachtsstern mit ihr getan hat. Er hat »Elli« zu ihr gesagt und dass es ganz toll ist, dass es sie gibt, weil jeder etwas Besonderes ist. Und dann hat er ihr die Welt gezeigt, auf der auch jeder etwas Besonderes ist, jedenfalls für Gott. Gott hat die Menschen so lieb, dass er an

Weihnachten zu ihnen gekommen ist. Warum freut Miguel sich denn nicht darüber?

»Würde er bestimmt«, vermutet der Weihnachtsstern, »wenn er wie die anderen Kinder nach einer Herberge fragen könnte. Aber leider muss er ja Geld verdienen.«

»Aber wozu braucht er eine Herberge? Er wohnt doch bei seinen Eltern in der kleinen Gartenhütte«, wirft Elli dazwischen.

»Jetzt redest du genauso wie Doña Lukrezia«, schmunzelt der Weihnachtsstern. »Aber du kannst ja auch nicht wissen, dass die Posada für Jesus ist.«

»Dann suchen die Kinder also einen Raum für Jesus?«, fragt Elli.

»Genau«, nickt der Weihnachtsstern, »und zwar genauso, wie Maria und Josef es damals getan haben. Sie ziehen von Haus zu Haus, klopfen an die Türen und fragen, ob man sie aufnimmt.«

»Da sind sie hier bestimmt richtig«, meint Elli, »denn dies hier ist ja schließlich ein Hotel.«

Gespannt hopst sie hinter den Kindern die Treppenstufen hinauf. Oben, genau vor der großen Eingangstür, hängt der Portier gerade ein paar große Tontöpfe neben den Türrahmen. Wenn sie gegeneinanderstoßen, tönt es dumpf und hohl. Aber etwas raschelt da auch in ihren dicken Bäuchen. Es knistert wie Bonbonpapier. Elli möchte am liebsten mal in die Tontöpfe hineinblinzeln. Doch zuerst muss sie schauen, ob der Portier die Kinder mitsamt Maria und Josef in das Hotel hineinlässt. Aber, oweh. Der Portier sieht zwar sehr freundlich aus. Trotzdem schüttelt er den Kopf. Heißt das etwa, dass Jesus hier keinen Platz bekommt? Und trotzdem lachen die Kinder. Lärmend stürzen sie die Treppe hinunter, so dass ihre Maria- und Josef-Figuren auf den Holzbrettern schaukeln wie auf einem Karussell. Zwei purzeln sogar herunter, kullern über ein paar Stufen und bleiben genau hinter Miguels Schuhputzkasten liegen. Keins der Kinder merkt, dass sie eine Maria und einen Josef verloren haben, so fröhlich sind sie. Das ist doch allerhand. Empört blitzt Elli dem Weihnachtsstern zu. Doch der lacht auch.

»Wie kannst du bloß?«, ärgert sich Elli.

»Aber Elli«, tröstet sie der Weihnachtsstern, »die Posada ist doch nur ein Spiel. Du wirst sehen, noch bevor heute Abend die Feuerwerksraketen in den Himmel schießen, wird ein Haus für die Kinder seine Türen öffnen. Und für Jesus auch.«

Elli hofft das sehr, denn es wäre wirklich schlimm, wenn niemand Jesus zu sich hereinlassen würde. Und genau dasselbe findet Don Roberto auch. Denn gerade in dem Moment, als die Kinder an ihm vorbeiziehen, fasst er einen Entschluss. Und er nimmt sich fest vor, ihn durchzusetzen, egal, was seine Lukrezia dazu sagt, egal, ob sie schlechte Laune hat oder nicht. Schließlich ist Weihnachten. Und während noch der traurige Miguel seine Bürsten über Don Robertos Schuhe sausen lässt, fasst der gleich einen zweiten Entschluss, und der hat mit der Familie Terzero zu tun. Don Roberto lächelt leise vor sich hin, während er Miguel eine kleine Münze in die Hand drückt.

»Für's Putzen«, sagt er und dann fügt er noch rasch hinzu: »Wenn du hier fertig bist, Junge, dann komm zu unserem Haus.«

»Lieber nicht«, flüstert Miguel, »ich glaube, Doña Lukrezia mag es nicht, wenn...«

»Ach was«, unterbricht ihn Don Roberto.

»Aber ...«, stammelt Miguel. Doch da hat Don Roberto sich schon herumgedreht und mit energischen Schritten stapft er den Weg zurück, den er gerade gekommen ist.

Bestürzt blickt Elli ihm hinterher.

»Geht er jetzt zu seiner zankenden Frau?«

»Nein, ich glaube, er will zu den Terzeros«, schmunzelt der Weihnachtsstern. Nun versteht Elli gar nichts mehr. Aber der Weihnachtsstern schüttelt vergnügt seinen Sternenschweif.

»Das wird noch eine fröhliche Weihnacht«, lacht er.

»Bestimmt nicht«, schnaubt Elli, »denn erstens hat Doña Lukrezia schlechte Laune, zweitens kann der arme Miguel überhaupt nicht feiern, sondern muss Geld verdienen, drittens werden Maria und Josef nicht mal in einem Hotel aufgenommen und viertens lachen die Kinder sogar noch darüber.«

»Und fünftens«, grinst der Weihnachtsstern, »ist es noch längst nicht Abend. Warte nur ab, kleiner Elli-Stern.«

»Und was machen wir bis dahin?«

»Wir bleiben bei Miguel, damit er nicht so alleine ist«, schlägt der Weihnachtsstern vor, »und helfen ihm beim Schuheputzen.«

Für einen Stern ist das ganz einfach. Er braucht bloß ordentlich auf die Schuhe leuchten, schon blitzen und funkeln sie wie der Abendhimmel. Da staunen aber Miguels Kunden. Und Miguel staunt auch. Er weiß ja nichts von seinen zwei fleißigen Himmelshelfern. An diesem Tag verdient er eine ganze Hand voll Pesos. Das ist für ihn schon eine richtige Weihnachtsüberraschung. Und dann erlebt er noch eine Überraschung. Gerade senkt sich die Sonne hinter die Häuser der Stadt. Da packt Miguel seine Bürsten und Lappen in den Holzkasten. Doch was entdeckt er da hinter sich? Das sind ja zwei Tonfiguren: eine Maria und ein Josef. Miguel kann sich gar nicht vorstellen, wie die dahin gekommen sind. Elli schon. Aber natürlich verrät sie nichts, denn erstens versteht Miguel sowieso nicht die Sternensprache und zweitens sind Überraschungen zum Freuen da und nicht zum Verraten. Erstaunt nimmt Miguel die Figuren in die Hand. Was soll er bloß mit ihnen machen?

»Ach du meine Güte, was für eine Frage«, seufzt der Weihnachtsstern. »Was machen wohl Maria und Josef am Weihnachtsabend?«

Aber das braucht niemand Miguel zu sagen. Ihm fällt es nämlich ganz von alleine ein. »Posada«, ruft er. Und dann erinnert er sich auch noch an die Einladung von Don Roberto, zu dem er auf gar keinen Fall gehen wollte. Aber jetzt weiß er natürlich sofort, wo er für Jesus nach einer Herberge fragen wird. Wenn er an Doña Lukrezia denkt, ist ihm zwar ein bisschen mulmig zumute. Aber mehr als Nein sagen kann sie wohl nicht. Und schließlich ist es Maria und Josef auch nicht besser ergangen. Wie oft die wohl abgewiesen worden sind?

Also stellt Miguel die beiden Tonfiguren auf seinen Schuhputzkasten, hebt ihn entschlossen auf seine Schulter und trabt los. Elli und der Weihnachtsstern sausen schon voraus. Als sie das große Haus von Don Roberto und Doña Lukrezia erreichen, hängt Don Roberto gerade bauchige Tontöpfe an den Türrahmen. In ihnen raschelt es verdächtig nach Bonbonpapier.

»Auch noch die Piñatas«, stöhnt Doña Lukrezia und schlägt die Hände über dem Kopf zusammen. Aber Don Roberto lacht nur.

»Die Töpfe heißen also Piñatas«, erkennt Elli. Doch weshalb regt Doña Lukrezia sich so über sie auf?

»Weil die Piñatas nachher mit Stöcken in tausend Scherben zerschlagen werden«, klärt sie der Weihnachtsstern auf.

»Und warum?«

»Damit die Bonbons rausfallen.«

»Bonbons für Doña Lukrezia?«, wundert sich Elli.

»Nein, für Kinder natürlich, und zwar für die Terzero-Kinder. Don Roberto hat sie eingeladen. Oder warum, glaubst du, ist er heute morgen zu ihnen gegangen? Sieh mal, da kommen sie schon. Und Herr Terzero hat sogar seine Gitarre dabei.«

»Und dort«, ruft Elli und funkelt aufgeregt die Straße entlang, »dort ist ja auch Miguel.«

Vorsichtig trägt er Maria und Josef direkt bis zur Haustür. Doña Lukrezia blickt ihm schon mit verschränkten Armen und starrem Gesicht entgegen. Miguel muss seinen ganzen Mut zusammen nehmen.

»Darf Jesus hier wohnen?«, fragt er schüchtern.

Doch noch bevor Doña Lukrezia den Mund aufbekommt,

platzt Don Roberto fröhlich dazwischen: »Herzlich willkommen bei uns. Und nun machen wir Musik.«

Seiner Frau steht der Mund offen, so verdattert ist sie. Doch Don Roberto lächelt ihr verschmitzt zu und schon verteilt er Stöcke an die Terzero-Kinder, mit denen sie kräftig auf die Piñatas schlagen. Sogar Miguels klitzekleine Schwester bekommt einen in ihre winzige Faust gedrückt. Wie Regen prasseln die Bonbons über die Kinderköpfe und dazu zupft Miguels Papa eine hübsche Weihnachtsmelodie auf seiner Gitarre. Da kann sogar Doña Lukrezia nicht streng bleiben. Elli sieht ganz deutlich, wie ein Schimmer wie von einem Sternenstrahl über ihr Gesicht huscht. Bestimmt hat den mal wieder der Weihnachtsstern geschickt.

»Nein, der kommt von Weihnachten selber«, schmunzelt der Weihnachtsstern, »so ist das eben, wenn einer Jesus bei sich aufnimmt.«

»Na, dann: Fröhliche Weihnachten«, grinst Elli.

Und da lächelt endlich auch Doña Lukrezia: »Feliz Navidad«, was so ziemlich dasselbe bedeutet.

 *Hast du auch Lust auf Musik? Wie wär's mit einem Weihnachtslied, zu dem du dich selber begleitest? Wenn du kein Instrument hast, dann bau dir eins. Rhythmusinstrumente sind ganz leicht. Schlag einfach zwei Holzlöffel aneinander oder füll ein Marmeladenglas mit Reis, Salz oder Sternchennudeln. Je nach Inhalt hört es sich beim Schütteln anders an. Du kannst dir aber auch deine eigene Gitarre bauen. Und das geht so:*

Besorg dir im Lebensmittelgeschäft eine feste Käseschachtel mit Deckel, am besten aus Spanholz. Säg in den Deckel ein Loch. Über das Loch spann ein oder mehrere Nylonfäden. Befestige sie mit Reißnägeln auf den zwei gegenüberliegenden Seiten des Kastens. Wie klingt es, wenn du an den Fäden zupfst? Verkürz mal die Saiten, indem du sie mit einem Finger fest auf den Schachteldeckel drückst.

So kannst du ganz interessante Töne erzeugen. Probier es mal aus.

Wenn du keinen Kasten hast, wasch einen Jogurtbecher sauber, schneide vorsichtig rechts und links der Öffnung jeweils kleine Schlitze, in die du ein Gummiband spannst. Fertig ist die Minigitarre.

israel

Wie alles anfing

Auf der Erde feiern die Menschen Weihnachten und im Himmel feiern die Engel. Besonders schön hat sich das der kleine Engel Uli gedacht. Aber wie kann er Weihnachten feiern ohne seinen Freund, den Weihnachtsstern?

»Er ist zwar wichtig, so wie jeder im Himmel und auf der Erde«, stimmt der große Engel Gabriel ihm zu, »aber an Weihnachten ist er längst nicht die Hauptperson.«

Klar, das weiß Uli auch. Trotzdem möchte er wissen, wo der Weihnachtsstern steckt.

»Da, wo alles angefangen hat«, flüstert Gabriel geheimnisvoll.

Wo das ist, ist für Uli auch längst kein Geheimnis mehr. Doch warum ist der Weihnachtsstern gerade jetzt dort, wo er doch so schön mit ihm und den anderen Engeln im Himmel feiern könnte?

»Gott hat ihn geschickt, um drei heilige Männer zu Jesus zu führen«, sagt Gabriel, »jedenfalls damals, vor 2000 Jahren. Aber heute führt er das Sternchen Bellatrix, zu dem wir alle Elli sagen. Er zeigt ihr, wie die Menschen Weihnachten feiern. Da sind sie in einem Blitz über die Erde gehuscht. Gerade leuchten sie noch über Amerika, da flitzen sie auch schon über den Atlantik, quetschen sich durch die winzige Meerenge zwischen Spanien und Marokko, die die Menschen Gibraltar nennen, segeln über das Mittelmeer bis an die Küste Israels, gehen in Ashdod an Land und brauchen von da nur noch einen kleinen Hopser bis nach Bethlehem.«

»… und nun kann Bellatrix sehen, wie alles anfing«, ruft Uli aufgeregt dazwischen, »nun leuchtet auch sie über dem Stall und mitten hinein in die Krippe, in der der kleine Jesus schläft. Seine Mutter Maria hat ihn dort hineingelegt, denn in einem Stall stehen ja keine Kinderbetten herum. Aber das macht fast gar nichts, Hauptsache, Jesus ist da. Maria und Josef jedenfalls freuen sich wie wild. Und Ochse und Esel freuen sich auch und sie pusten ihren warmen Atem in die Krippe, damit das Baby nicht friert. Denn dauernd fegt eisiger Nachtwind herein, weil die Hirten sich durch die Stalltür hereindrängen. Vor lauter Staunen vergessen sie nämlich, die Tür hinter sich zu schließen.«

»Ja«, nickt Gabriel, »erst haben sie sich gefürchtet, als ich so plötzlich mitten in der dunklen Nacht aus den Wolken zu ihnen herunterschwebte. Aber ich habe ihnen gesagt, dass sie keine Angst zu haben brauchen, denn gerade ist Christus geboren, der Frieden und Freude auf die Welt bringt. Und da haben sie aufgehört sich zu fürchten, sind eilig zum Stall gelaufen und als sie Jesus sehen, da können sie nur noch staunen.«

»Und draußen blöken die Lämmer und die Engel singen in den Wolken ihr Halleluja«, schwärmt Uli.

»Und über allem strahlt der Weihnachtsstern«, erinnert sich Gabriel, »ja, so war es, als Jesus geboren wurde. Aber heute, heute ist alles ein bisschen anders.«

Das weiß inzwischen auch das Sternchen Elli. Denn sie ist in einer einzigen Nacht einmal um die Welt gesaust und hat in eine ganze Menge Kindergesichter geleuchtet, in dunkle und helle, umrahmt von schwarzen Locken oder blonden Zöpfen, mit blitzenden oder traurigen, aufgeregten oder gespannten Augen. Jedes war anders und einzigartig. Aber alle feierten sie Weihnachten. Und wie sie das taten! Elli ist ganz begeistert von dem, was sie in dieser Nacht gesehen und erlebt hat. Und nun, nun darf sie sogar auf Bethlehem hinunterschauen, und zwar genau dorthin, wo Weihnachten begann. Aber was ist denn das? Elli lässt ihren Sternenreisestrahl erschrocken auf- und niedersausen. Sie reibt sich ihre Sternenaugen und putzt sogar ein bisschen an ihrem Laternchen herum. Doch es hilft nichts. Nirgendwo entdeckt sie den Stall.

»Aber hier ist es doch gewesen, oder?«, wendet sie sich an den Weihnachtsstern.

»Ich bin mir ganz sicher«, sagt der. Trotzdem: Weit und breit gibt es keinen Stall. Stattdessen steht mitten auf einem Platz eine Kirche und drumherum drängen sich Autobusse, aus denen Menschen herausquellen wie Flocken aus einem aufgeplatzten Frau-Holle-Kissen.

»Sie wollen genauso wie du sehen, wo Jesus geboren ist«, wispert der Weihnachtsstern.

»Und warum gehen sie dann in diese Kirche?«

»Weil die an der Stelle aufgebaut wurde, wo Jesus zur Welt kam. So ist es in Israel und auf der ganzen Welt immer wieder geschehen: Wo Gott etwas Besonderes gemacht hat, da haben die Menschen eine Kirche gebaut. Und dass Jesus auf die Welt kam …«

»… das ist überhaupt das Allerbesonderste«, fällt Elli dem Weihnachtsstern ins Wort. Das ist sonst gar nicht ihre Art. Aber während ihrer Weltweihnachts-Reise ist sie von Lichtsekündchen zu Lichtsekündchen mutiger geworden. Denn mittlerweile weiß sie, dass sie sich vor niemandem zu schämen braucht, nicht einmal vor dem Weihnachtsstern. Er ist zwar der Weihnachtsstern, und das will schon was heißen, aber Elli ist Elli und das heißt auch eine Menge, auch wenn sie stumpfe und zerknitterte Zacken hat und manchmal ein bisschen schüchtern ist. Leuchten kann sie trotzdem und zwar ziemlich hell und das ist doch schließlich genau das, was ein Stern zu tun hat, oder?

Der Weihnachtsstern nickt.

»Natürlich«, sagt er, »besonders in Israel und deswegen ist es gut, dass wir hier sind. Da können wir nämlich das Channukka-Fest erleben.«

»Und warum nicht Weihnachten?« wundert sich Elli.

»Weil die Menschen in Israel Channukka feiern und Channukka ist ein Lichterfest.«

»Aber was ist mit Weihnachten?« fragt Elli noch einmal. Doch der Weihnachtsstern ist schon zwischen die Busse geflitzt. Gut, dass ein Sternenstrahl nicht überfahren werden kann. Sonst hätte es in dem Gedränge schlimm ausgehen können.

»Komm, Elli, suchen wir zwischen den vielen Touristen ein israelisches Kind«, ruft er Elli zu. Und das ist gar nicht so schwer. Die beiden Sterne brauchen bloß nach jemandem Ausschau halten, der kleiner ist als ein Erwachsener, kein buntes Freizeithemd und keinen Fotoapparat trägt, nicht an jeder Ecke »ah«, und »oh« ruft und nicht hinter einem schnatternden Fremdenführer herstolpert. Und auf genauso ein Kind fällt Ellis Sternenstrahl. Es ist ein Mädchen. Sie hat braune Haare, braune Augen und eine sonnenbraune Haut, denn in Isreal scheint fast das ganze Jahr über die Sonne. Das Mädchen folgt den eiligen Schritten eines alten Mannes, der bestimmt ihr Opa ist. Jedenfalls dreht er sich immer wieder zu ihr um und ermuntert sie: »Beeil dich, Rahel, beeil dich, wir wollen doch noch vor Sonnenuntergang zu Hause sein.«

»Beeilen wir uns auch«, raunt der Weihnachtsstern dem Sternchen zu. Aber Elli möchte wenigstens einen klitzekleinen Blick in die Kirche werfen, nun, wo sie schon mal hier ist. Vielleicht steht drinnen ja wenigstens noch die Krippe. Nein, leider nicht. In der Kirche ist es zwar dunkel wie in einem Stall, doch gibt es dort kein Stroh, keinen Ochsen, keinen Esel, nicht mal einen klitzekleinen Futtertrog. Es riecht nicht mal nach Tieren sondern nach Räucherwerk und Menschen. Die Kirche ist richtig überfüllt von ihnen. Und alle streben auf eine kleine Treppe zu, die sich durch einen winzigen Bogen in die Tiefe windet. Die Leute müssen ihre Köpfe einziehen, um hinunterzugelangen. Unten öffnet sich eine kühle Höhle, die mit weichen Teppichen ausgelegt ist. Da muss Elli sich aber wundern: Das soll nun ein Stall sein? Ja, ja, der Weihnachtsstern hat ihr mal erklärt, dass die Hirten früher Höhlen als Unterstände für ihre Tiere benutzten. Aber Teppiche lagen bestimmt nicht darin. Warum haben die Menschen sie also ausgelegt?

»Weil sie glauben, dass Gott an ihren heiligen Orten wohnt. Sie ehren ihn, indem sie diese Orte schmücken«, erklärt der Weihnachtsstern, »das ist doch nett, findest du nicht?«

»Doch, schon«, stimmt Elli zu, »aber Gott ist doch nicht nur in ihren Kirchen sondern auch in ihren Häusern und Gärten, in den Wäldern, auf den Bergen und im Meer. Sie können ihn in jedem Kind und manchmal auch in den Erwachsenen entdecken und sogar in den Tieren, in der Musik und in jeder tollen Erfindung.«

»Dann sollten die Menschen das alles schmücken«, lächelt der Weihnachtsstern, »oder zumindest mit besonderer Liebe und Sorgfalt behandeln. Aber nun komm, sonst verlieren wir noch Rahel und ihren Opa.«

Die beiden haben tatsächlich den Platz vor der Geburtskirche Jesu mit den vielen Bussen und Touristen längst hinter sich gelassen. Eilig huschen sie durch Gassen, die genauso aussehen wie zu der Zeit, als Jesus geboren wurde, biegen durch einen Torbogen in einen kleinen Hof und verschwinden durch eine Haustür. In dem Moment sinkt langsam die Sonne hinter Bethlehem. Gut, dass Sterne nicht das Sonnenlicht brauchen, um blitzscharf zu sehen. Schließlich haben sie ja ihre Sternenstrahlen. Und die flutschen hinter Rahel ins Haus hinein. Drinnen ist es so dunkel wie in der Jesus-Geburtskirche. Deshalb drehen Elli und der Weihnachtsstern rasch ihre Strahlen herunter, damit niemand sie bemerkt. Nur leider sehen sie nun auch nichts mehr. Der Weihnachtsstern stößt sich an einer Kante, die wahrscheinlich zu einem Tisch gehört und Elli stupst gegen etwas metallisch Kühles mit acht Armen.

»Und diese Finsternis soll ein Lichterfest sein?«, flüstert sie. Doch bevor der Weihnachtsstern etwas erwidern kann, zündet jemand ein Streichhölzchen an. Eine Flamme taucht den Raum in einen warmen Schein. Und nun erkennt Elli auch das Ding mit den acht Armen. Es ist ein Leuchter. In jedem Arm steckt eine Kerze. Rahels Opa zündet eine nach der anderen an. Und der Kerzenschein schimmert auf sechs

Menschengesichter, die um den Tisch herum sitzen, Rahels Vater, ihre Mutter und der Großvater, neben ihm zwei Jungen und schließlich Rahel selber, die wie ein Engel strahlt. Denn heute brennen endlich alle acht Kerzen am Channukka-Leuchter. Acht lange Tage hat sie darauf gewartet. Am ersten Tag hat ihr Opa die erste Kerze angezündet, am zweiten die zweite und jeden Abend ist eine hinzugekommen. Und heute brennen alle acht. Heute ist Channukka. Und sie werden es feiern wie jedes Jahr. Zuerst wird Opa Gott danken und dann darf Rahels großer Bruder die Channukka-Geschichte erzählen. Das Geschichtenerzählen ist sehr wichtig, damit die Menschen sich erinnern, wie Gott ihnen geholfen hat. Und obwohl Rahel die Geschichte längst kennt, will sie trotzdem nicht ein einziges Wörtchen verpassen. Gespannt rutscht sie auf ihrer Stuhlkante herum. Auch Elli spitzt ihre Sternenohren. Und dann endlich beginnt die Geschichte:

200 Jahre bevor Jesus geboren wurde überfiel ein Volk, das man die Makkabäer nannte, die Stadt Jerusalem, die gar nicht weit von Bethlehem entfernt liegt und heute noch die Hauptstadt von Israel ist. Die Makkabäer zerstörten alles, sogar den Tempel. Doch die Leute aus Jerusalem bauten ihn wieder auf. Dabei fanden sie zwischen Schutt und zerbrochenen Steinen ein Krüglein Öl, gerade genug, um damit für einen Tag eine Öllampe brennen zu lassen. Doch da geschah ein großes Wunder. Das bisschen Öl brannte und brannte und brannte. Es spendete Licht für ganze acht Tage.

»Das Jahr darauf«, fährt Rahels Bruder fort, »wurden diese Tage zu Festtagen bestimmt, die alljährlich mit Lob und Dank begangen werden.«

»Ja, und mit Geschenken«, flüstert Rahel. Aber ihre Mama hat es doch gehört. Lachend springt sie vom Tisch und holt die Überraschungen für die ganze Familie. Jeder bekommt etwas. Beim Auspacken geht es ziemlich fröhlich zu. Aber Elli bleibt nachdenklich. Vorsichtig zieht sie ihren Sternenstrahl aus der Wärme der acht Channukka-Kerzen, gleitet zwischen den Geschenkpäckchen hindurch über den

Tisch, krabbelt durch den Türspalt in den Hof hinaus, hopst über den Torbogen auf eine vorübersegelnde Wolke und lässt sich von ihr in den Himmel tragen. Der Weihnachtsstern schwebt lautlos hinterher.

»Nun?«, fragt er schließlich, als sie im Himmel angekommen sind.

»Nun?«, fragen auch Gabriel und der kleine Engel Uli.

»Schön war's«, sagt Elli, »ich weiß nun, dass die Menschen unterschiedlich feiern, aber in Bethlehem, also … ich finde es ziemlich merkwürdig, dass die Menschen gerade dort Channukka und nicht Weihnachten feiern …«

»Beides ist ein Lichterfest«, platzt Uli dazwischen, »Gabriel hat mir das erklärt, nicht wahr, Gabriel? Die Menschen wohnen im Dunkeln, hast du gesagt, aber Gott schickt ihnen ein helles Licht. Ein Kind ist ihnen geboren und dieses Kind will ihr König sein.«

Gabriel nickt zufrieden.

»Erst war Jesus nur ein Baby, so winzig und unscheinbar wie das Tröpfchen Öl, das die Israeliten zwischen den Trümmern ihres Tempels fanden. Aber dann reichte das kleine Bisschen für viele Tage. Und Jesus, der reicht immer noch …«

»Ja«, stimmt der Weihnachtsstern zu, »der macht es immer noch hell und freundlich bei den Menschen, die zu ihm gehören.«

»Und deshalb gibt es Weihnachten«, weiß der Engel Uli.

»Genau«, nickt Elli.

Nachdenklich beobachtet sie, wie hinter den Wolken die ersten Sonnenstrahlen hervorblinzeln. Gleich beginnt der neue Tag, Zeit für Elli und den Weihnachtsstern, hinter den anderen Sternen in den Sternenschlafsaal zu kullern und unter ihre kuscheligen Wolkendecken zu krabbeln. Der Weihnachtsstern hat schon seinen Schweif zusammengerollt und zwischen seine Zacken geklemmt. Nun dreht auch Elli in ihrem Laternchen das Licht herunter.

»Genau«, sagt sie noch einmal, »doch heute feiern die Menschen ganz anders als in der ersten Weihnacht und auf sehr unterschiedliche Art und Weise außerdem. Aber das Staunen und die Freude darüber, dass Jesus zu ihnen gekommen ist, sind gleich geblieben ... überall auf der Welt.«

Bastel deinen eigenen Channukka-Leuchter. Dazu brauchst du ein Holzbrettchen von etwa 20 cm Länge und 15 cm Breite, außerdem vier Mandarinen oder kleine Apfelsinen und acht Kerzen.

Schlag durch das Holzbrett immer hübsch und gleichmäßig versetzt acht Nägel so hindurch, dass der Kopf flach auf der einen Brettseite aufliegt. Auf der anderen zeigen die Nagelspitzen wie kleine Spieße in die Höhe. Nun teile die Mandarinen mitten hindurch und löse das Fruchtfleisch sorgfältig heraus. In den Rand der so entstandenen Halbkugeln kannst du Zacken oder ein anderes Muster schneiden. Dann setze deine Mandarinenhälften auf die Nagelspitzen. Piekse auch noch deine Kerzen darauf fest.

Dein Channukka-Leuchter sieht besonders hübsch aus, wenn du noch Tannenzweige und Kiefernzapfen zwischen die Mandarinenhälften steckst. Und wenn es draußen dunkel wird, zünde deine Kerzen an. Vielleicht machst du es wie die Kinder in Israel: acht Tage vor Weihnachten die erste und jeden folgenden Abend eine mehr.